ATHLONE RENAISSANCE LIBRARY

Three French Treatises

ATHLONE RENAISSANCE LIBRARY

General Editors: G. BULLOUGH and C. A. MAYER

MARGUERITE DE NAVARRE

Tales from the Heptaméron
edited by H. P. Clive

CALVIN

Three French Treatises
edited by Francis M. Higman

D'AUBIGNÉ

Les Tragiques (selections)
edited by I. D. McFarlane

Tudor Verse Satire
edited by K. W. Gransden

JEAN CALVIN

Three French Treatises

edited by

FRANCIS M. HIGMAN

UNIVERSITY OF LONDON
THE ATHLONE PRESS
1970

Published by
THE ATHLONE PRESS
UNIVERSITY OF LONDON
at 2 Gower Street, London WC1

Distributed by
Tiptree Book Services Ltd
Tiptree, Essex

Australia and New Zealand
Melbourne University Press

U.S.A.
Oxford University Press Inc
New York

0 485 13802 6 *cloth*
0 485 12802 0 *paperback*

Printed in Great Britain by
WESTERN PRINTING SERVICES LTD
BRISTOL

CONTENTS

I should like to express my thanks to Professor C. A. Mayer for his advice at all stages in the preparation of this edition, and for help with the proofs; to the Reverend R. E. Davies for suggestions on theological matters; and to the Colston Research Fund of Bristol University for enabling me to obtain numerous micro-films from continental libraries.

Bristol   F.M.H.
June 1969

INTRODUCTION

A. GENERAL BACKGROUND

Geneva in the fifteenth century was a self-governing city state of some 16,000 inhabitants, independent but constantly threatened by the covetous rulers of the neighbouring Duchy of Savoy. In the late fifteenth and early sixteenth centuries, a series of Bishops of Geneva were little more than lackeys of the Dukes of Savoy politically—many of them were younger sons of the House of Savoy—and at the same time incompetent in their ecclesiastical functions. Consequently, when the Reformation movement began to make itself felt—Luther started his work at Wittenberg in 1517, Zwingli at Zürich in 1519; nearer home, Berne adopted the Reform in 1528—Geneva was promising ground for the Reformers: the representatives of the Church were inadequate to their task; and the citizens, patriotic and proudly independent, were distrustful of the political threat which the Bishops—and behind them, the Pope—presented.

The Reformation in Geneva thus had two important characteristics: the first impulsion in the city came not from converted Churchmen, as Luther and Zwingli were, but from laymen—magistrates, city councillors, merchants; and (as in other Swiss towns) the break with Rome was both religious and political in character. Many were the citizens who, in abolishing the Mass and smashing images, were striking a blow for the freedom of their city rather than for the new doctrine.

The actual accomplishment of the change was the work of a trio of experienced missioners: Pierre Viret, Antoine Froment, and Guillaume Farel. They visited the city in 1532, and barely escaped with their lives; nothing daunted, they returned in the following years. Their support in the city grew stronger; in August 1535 the Mass was abolished; and on 21 May 1536 the citizens voted 'unanimously' to accept the Reformation.

It was one thing to reject the old ways, quite another to establish what form the new dispensation should take. The idea of a

secular state in the modern sense, unrelated to any religious
confession, was foreign to the sixteenth-century mind; but what
religious confession, and in what relationship to the state—these
were vital and urgent questions.

Here the citizenry, united in its rejection of Rome, was divided:
on the one hand were the 'Guillermins' (after Farel's forename),
seeking a strong church with strong ties to the state; on the other
were those concerned first and foremost for the independence and
freedom of the city and unwilling merely to exchange the yoke of
Rome for some other, equally burdensome, ecclesiastical régime.
They were patriots, whose forefathers had suffered, and died, for
the city; they had little time for intruders from elsewhere,
Frenchmen like Farel, who were seeking to rule their city for
them.

Barely two months after the city had definitively proclaimed its
rejection of Rome, in July 1536, a young and little-known French-
man was passing through the city. Jean Calvin, twenty-seven
years old, had little further from his mind than joining in the task
awaiting the Genevan authorities; his intention was to make an
overnight stop, on his way to Basle, where he hoped to continue
his theological studies.

But Farel heard of his presence, went to see him immediately,
and asked him to join the work in the city. Calvin pleaded his
studies; to which Farel, a man of violent and outspoken tempera-
ment, called upon God to 'curse his peace and the studious
tranquillity he sought, if in so great a necessity he drew back and
refused his help'. Calvin, horrified and shaken by this imprecation,
gave in, and agreed to remain.[1]

That meeting in a Genevan tavern was to change the course of
history. Not the least remarkable aspect of the occasion was the
certainty Farel evidently had that here was the collaborator he
needed. The young scholar before him—medium height, thin,
pale, and timid into the bargain—seemed scarcely the man to
lead what was clearly going to be a bitter fight for the establishment of a proper Church in so effervescent a city as Geneva. And
what had this Calvin achieved?

His contribution to the Reformation so far consisted of one

[1] *Opera omnia*, xxxi, 26.

book, a statement of Reformed doctrine, in Latin, based in its form on Luther's *Catechisms*; and two prefaces for a French version of the Bible done by his cousin Olivétan.

But if these achievements seemed little enough in themselves, they betrayed considerable gifts in the author. Jean Calvin had had a first-rate education. Born in Noyon, a cathedral town in Picardy, in July 1509, he had been sent to Paris, in the company of two young noblemen of the region, at the age of 14. His father, an ecclesiastical lawyer attached to Noyon cathedral chapter, had intended Jean for the Church, where his high intelligence could lead to rapid advancement. Jean followed the courses in the Faculty of Arts, the necessary prerequisite for proceeding to one of the higher faculties, becoming Master of Arts in late 1528 or early 1529. During this period he studied Latin with one of the greatest teachers of his time, Mathurin Cordier; he also learned the art of *disputatio*, or debate, which was to stand him in excellent stead later.

But at the moment when Jean should have proceeded to the theological Faculty, the Sorbonne, his father became seriously embroiled with the cathedral chapter at home. Whereupon Gérard Cauvin (the Reformer's name comes from the latinized form Calvinus) decided that the law was perhaps a more profitable career after all, and his son changed courses, working with assiduity though without enthusiasm. His law studies, at Orléans and Bourges, brought him into contact with the two most eminent law teachers in France—Pierre de l'Estoile and Andreo Alciati. These studies too were not to be wasted.

Neither theology nor the law, however, was what Calvin really wanted. When his father died in 1531, Jean returned to Paris, and—while not giving up the law altogether—devoted himself mainly to his chief interest: classical literature. This was the period of humanist enthusiasm: Guillaume Budé, Erasmus were the intellectual heroes of the time; the Collège des lecteurs royaux, founded in 1530, established the study of Greek and Hebrew, and soon of Latin too, outside the purview of the reactionary Sorbonne. Calvin's first published work situates him firmly in the ranks of the new learning: a commentary on Seneca's *De Clementia*, which appeared in 1532. While the book was not the success Calvin had hoped it would be, it did bear witness to his mastery of classical

Latin: not the debased medieval Latin of the Schools, but the elegant and persuasive rhetoric of Cicero.

Excellent Latin, skill in argument, a knowledge of the law, a solid grounding in classical literature: these were the elements Calvin's education gave him. But the circles in which he moved, in Orléans and particularly in the Paris of the humanists, gave him also his contact with the new doctrines being preached in Germany and Switzerland. Luther's books were being circulated clandestinely, declaring the Church of Rome to be decadent, contaminated, erroneous, no Church at all. Less radically, there were many within the Church who freely admitted that the institution was in desperate need of reform: the abuses of pardons, relics and the like needed to be rooted out; the appalling laxity and incompetence of the clergy must be corrected; the people should be able to understand the basis of their faith, and therefore the Bible should be translated into French; worship should be in the vernacular, not in Latin; excessive ritual and ceremonial in church services should be pruned, to enable a return to the simplicity of the primitive Church. But all this, many believed, could be achieved within the structure of the Church: indeed it was the only structure. The enlightened Bishop of Meaux, Guillaume Briçonnet, had attempted it in 1521 in his diocese, and had gathered round him a team of like-minded men; they included Jacques Lefèvre d'Etaples, humanist and translator of the Bible into French; Gérard Roussel, friend of Calvin and later Bishop of Oloron; Guillaume Farel, at that time within the Roman Church. Within two years, Briçonnet had been suspected of heresy, the team dispersed; Farel and others went into the wilderness outside the Church.

But the battle was not lost: Marguerite of Angoulême, sister of François I and Queen of Navarre from 1529, viewed the *évangéliques*, as they were called, sympathetically; her influence on her brother long induced him to give protection to the new movement. The Sorbonne had its successes—the dispersal of the Meaux group, the burning of some 'luthériens'; but so did the *évangéliques* or *réformistes*. In 1532 all things were possible still; Rabelais's ideal monarch could patently suggest what François I might himself yet accept: 'je feray prescher ton sainct Evangile purement, simplement et entierement, si que les abus d'un tas de papelars et

faulx prophetes, qui ont par constitutions humaines et inventions
depravees envenimé tout le monde, seront d'entour moy exter-
minez' (*Pantagruel*, xxix).

Calvin's attitude to these various currents of thought—total
rupture with Rome, or more or less thoroughgoing reform
within the Church—during this period has been studied in detail
many times,[1] and various interpretations of the meagre facts
proposed. What seems fairly certain is this: in 1532 the *De
Clementia* commentary betrays no sign of heretical tendencies in
Calvin, although it shows he has studied several Church Fathers.
In November 1533, however, he is closely implicated in a doctrinal
scandal, and escapes arrest only by a hasty departure. The occasion
was the inaugural address by the new Rector of the University of
Paris, Nicolas Cop, son of a royal physician, and a professor of
philosophy. Cop profited from the occasion to present a manifesto
of *évangélique* doctrine energetic enough to arouse persecution
against the author and his closest friends. Calvin was one of these;
a manuscript copy of part of the address in Calvin's hand still
exists, and, some say, he helped to write the speech. That he was
implicated in the affair at least is certain. By this time, therefore,
he was committed to doctrines unacceptable to the ecclesiastical
authorities. Whether this already marked his final break from the
Church, or whether there remained a period during which he
tried to reconcile his beliefs with the only visible Church, will
perhaps never be known.

During the next two years Calvin was constantly on the move,
sometimes in hiding, sometimes in a place of relative safety, where
he could pursue the theological studies which had now fired his
enthusiasm. We find him in Angoulême, Nérac, possibly Orléans,
Paris, Strasbourg, Basle, Ferrara, and again Paris. It was in
Basle, in 1535, that he published the first edition of his *Institutio
christianae religionis*, the book which, in its later and greatly
developed form, was to become the cornerstone of Calvinist
theology. It was prefaced by a long letter, dedicating the work to
no less a personage than François I, and explaining the purpose
of the work. In late 1534 François had finally come down deci-
sively against the Reform movement, and a wave of persecution

---

[1] Most recently by A. Ganoczy, *Le Jeune Calvin, genèse et évolution de sa vocation
réformatrice* (Wiesbaden, 1966), who gives a comprehensive bibliography.

on an unprecedented scale broke out. Calvin is pleading the defence of his fellow-believers; to do so, he is presenting a simple statement of their faith, showing it to be in line with both Scripture and the Church Fathers. Those on whose behalf he writes are not 'innovators', as the Sorbonne claims; on the contrary, they uphold the original, God-given faith; it is the Roman Church which, through its innovations, has perverted the original purity of the message.

This letter is one of the most moving pieces of writing in the sixteenth century; when Calvin translated it into French four years later, with the second and enlarged edition of the *Institutio*, it became perhaps the finest piece of French written until then—not excepting Rabelais.

Now this was the role in which Calvin saw himself: to defend, and to spread, the Reformation cause with his pen. The rhetoric he had learned from Cicero, the lucidity of thought and skill in argument gained at the Collège de Montaigu, the brilliant application of numerous techniques of legal pleading to the cause he is defending—all his background pointed this way, and is exploited in the *Institutio*. And he was, as I somewhat surprisingly suggested earlier, a timid man, best suited to battle from the decent obscurity of a library rather than on the open market-place.

Such was the man who came to Geneva in July 1536. Farel must have been a penetrating judge of men to perceive, behind the reserved exterior, some of the qualities that appeared in Calvin during the years to come. Farel himself was perhaps surprised. But it was not long before Calvin, in his new situation, developed remarkably. Once he felt that he was called to this work by God, the timidity disappeared; while for himself he asked nothing, he was acutely conscious henceforth of his position as an instrument of God: and that responsibility he could not evade. Suddenly we find a man who can brook no compromise between Good and Evil; who, while showing great moderation and flexibility to those in general agreement with him, is determined to root out and destroy whatever is not compatible with what he believes to be the true faith; who, to support that determination, can show a force of will that suffers no delay, no compromise, no denial.

Calvin took up his first post in Geneva, as 'reader in Holy

Scripture', in September 1536, and became a pastor in the same month. Within two months his new character showed itself: on 10 November, he and Farel submitted to the city Council their *Articles of Church Order*, designed to establish the Genevan Church in its relation to the city. The citizens had already, as a body, accepted the Reformation. To Calvin and Farel this was not enough: in a city upholding the true religion, each citizen individually must swear to a Confession of Faith prepared by the ministers. The city authorities must organize the process, and impose the necessary sanction on non-jurors: banishment. In other words, the State, in religious matters, must be the servant of the Church.

Uncompromising demands indeed: and moreover, a serious miscalculation. For there were plenty of citizens who were not going to be herded into conversion at the behest of two French refugees, sufficient to make the enforcement of the *Articles* impossible. The city Council could approve the *Articles*, as it did; it could decree, at the end of July 1537, that all citizens must swear to the *Confession de Foy*; it could order, in November 1537, that all non-jurors be expelled. But these edicts remained dead letters, in view of the size of the opposition. In September one of the *syndics* (the chief elected officers of the city) said: 'Personne ne dominera sur nos consciences...Je n'irai pas au sermon sur l'ordre du syndic Porral.' Those words sum up the attitude of the growing opposition.

In February 1538 the General Council, the whole body of the citizens, elected new city officers. All four new *syndics* were hostile to Calvin, as was a majority of the new *Petit Conseil*. It was then only a matter of time before a collision occurred. The occasion was seemingly trivial—the Council sought to legislate on the use of leavened or unleavened bread in the Communion, and some other similar points which, normally, Calvin would have regarded as unimportant. But the principle was at stake: the State was trying to impose on the Church in ecclesiastical matters, and this Calvin would never accept. Rather than do so, he and Farel refused to celebrate the Communion on Easter Sunday 1538. Three days later, after street demonstrations and emergency meetings of the Council, they were banished from the city. They had failed.

In September 1538, after a summer spent in recovering from the shock and bitterness of the Geneva defeat, Calvin accepted an invitation to become the pastor of the French Church in Strasbourg. Strasbourg was then not French, but part of the Empire of Charles V. It had embraced the Reform in the 1520s, and had become not only an eminent centre of Protestant scholarship, but also a place of refuge for those fleeing from persecution in France. Calvin was charged with the pastoral care of some 400 such refugees, and in addition with some theological teaching.

In many ways the three years he spent in Strasbourg were the most peaceful of his life, certainly the happiest. He had exchanged a turbulent and hostile citizenry for a small group of men and women who had already expressed their total commitment to the Reformed doctrines by abandoning all they had and going into exile. In addition to caring for them, he was able to further his theological studies, encouraged by the sympathetic presence of such scholars as Wolfgang Capito, Johannes Sturm and, most of all, Martin Butzer or Bucer. He completely reorganized and greatly expanded the *Institutio* for a second edition in 1539; and in 1541, he published a French translation, done by himself, of this work. The 1541 *Institution de la religion chrestienne* is a landmark in French literature: 'premier monument de l'éloquence française', Plattard calls it. No important work of philosophy or theology had ever been written in French before. Yet this is no half-baked, primitive effort; the lucidity of the exposition, and the noble persuasiveness of the style, make it a masterpiece of writing comparable, as many critics have said, to Pascal and Bossuet. This book set Calvin head and shoulders above any of his colleagues as the spiritual leader of the French Reformation.

During his stay in Strasbourg, Calvin greatly deepened his contact with the leaders of the Lutheran reform. In the years 1539–41 there were constant efforts—perhaps the last serious attempts—to achieve a reconciliation between Catholics and Protestants. To this end there was a series of discussions between representatives of the various confessions: at Frankfurt and Hagenau in 1539, at Worms in 1540, at Ratisbon in 1541. Calvin was present, with the Strasbourg delegation, at these abortive discussions; this gave him the opportunity to meet the leaders of the Lutherans, in particular Philippe Melanchthon, for the first time.

He and Melanchthon formed a deep and lasting friendship which
may have owed more to Melanchthon's generous and conciliatory
nature than to a genuine identity of views. Be that as it may, they
could at least find formulae acceptable to both. As Rilliet says of
their meeting at Frankfurt: 'Ces confiantes conversations feront de
Calvin le défenseur des luthériens en terre zwinglienne. Elles
expliquent sa volonté persistante de rapprocher les deux branches
du protestantisme sur le point de la Cène.'[1] This is the period at
which Calvin wrote the *Petit Traité de la Sainte Cène*, partly intended as a means to reconcile the two conflicting parties in the
Reformation.

While Calvin was establishing himself in his Strasbourg post, so
well suited to his own disposition, his successors in Geneva were
having increasing difficulties. The Guillermin party, though
depleted, had not been eradicated, and there were constant
demands in the city for the return of Farel and Calvin. The
Council had resisted these demands, and in doing so found it
necessary to expel some of their most able men, including several
teachers in the College. Such men were difficult to replace
satisfactorily, and the new teachers, like the new pastors, were of
nothing like the same calibre as their predecessors. Discipline in
the city was going from bad to worse. Berne, on whose support
Geneva necessarily relied in order to avoid being engulfed by
Savoy, was in an expansionist mood, and the city authorities
were failing to protect Genevan rights against their inroads. The
political scene had changed so much that, by the middle of 1540,
of the four *syndics* who had expelled Calvin and Farel, two were
dead, and two were in banishment and under sentence of death.

The Catholics were also hoping to profit from the disarray of the
city. In March 1539 the councillors received a missive from
Cardinal Sadoleto, Bishop of Carpentras, accompanied by a
Latin *Letter to the Council and People of Geneva*, which was a well-
argued plea to the citizens to return to the fold of Rome. This was
a skilful move; for Sadoleto was no reactionary prelate, but an
enlightened humanist, concerned for the reform of the Church, and
also able to write eloquently. There were elements in the city more
than willing to give Sadoleto a sympathetic hearing; if the work of

[1] *Calvin 1509–64* (Paris, 1963), p. 85.

reform so far achieved was not to be jeopardized, the authorities must find a champion capable of replying to Sadoleto with equal skill. There was no one who could do it; the Bernese authorities, to whom the Genevans had forwarded the *Epistola*, asked Calvin to prepare a reply. To his credit, he agreed without rancour. His *Responsio*, published in Latin in September 1539 and the following year in a French translation by another hand, was masterly; in language as smooth and eloquent as Sadoleto's, he replied point by point to the Cardinal's arguments, giving as he did so a succinct affirmation of the Reformation doctrines. Thus Calvin suddenly appeared as the protector of the Genevans. The move that was designed to bring Geneva back to Catholicism in fact paved the way for Calvin's return to Geneva.

These various events culminated in August 1540, when two of the four pastors, unable to cope with their task, resigned and left the city. After several vain approaches elsewhere, the magistrates finally determined to ask Calvin to come back. One may imagine Calvin's appalled feelings at the prospect. 'Every time I remember how miserable I was there, I cannot help shuddering with horror when there is a possibility of my being recalled.'[1] But finally he accepted: 'If I had the choice I would do anything rather than give in to you in this matter. But when I remember that I do not belong to myself, I offer my heart as a sacrifice to the Lord.'[2]

Calvin delayed his return to Geneva for nearly a year, in order to participate in the meetings at Worms and Ratisbon. On 13 September 1541, he arrived in Geneva and presented himself at the Hôtel de Ville; he exchanged civilities with the councillors, and immediately proposed a commission to prepare ecclesiastical ordinances for the city. The following Sunday he appeared in the pulpit of St Peter's cathedral, and, with scarcely a mention of past events, continued his Biblical exposition at the verse where he had broken off three years before. He was back.

The *Ordinances*, proposed in September, submitted in October, and approved by the Council in November, established the form of the Genevan Church, its ministry, its functions, its relation to the State. Needless to say, Calvin had not changed his mind on the

---

[1] To Farel, 21 October 1540; *Opera omnia*, xi, 91.
[2] To Farel, 24 October 1540; *Opera omnia*, xi, 100.

question of the authority of the Church in ecclesiastical matters; needless to say also, approval by the Council did not automatically produce acquiescence on the part of all the citizens. There were twenty years of bitter wrangling in store before the Church and the State accepted their respective roles. But from this time onwards, Calvin's position was much firmer than it had been during his first stay: now he was in Geneva at the positive request of the Council, which had found that it could ill afford to lose him; now also, after his experiences at Strasbourg and at the various *colloques*, he was a more skilful and mature statesman. Moreover, the city Council was glad to exploit Calvin's other abilities: they found his legal training an admirable asset in the preparation of new civil and penal codes for the city. In 1541–3, we find him engaged on drafting new legislation on such matters as the city guards and gatemen, the cattle market, dowries, wills, and loans.

This sketch of Calvin's career until his definitive establishment in Geneva is far from being a full-scale biography. Rather, the intention has been to suggest the variety of the conflicts and pressures exerted on Calvin in these years. The Reformation was not simply a split in the Church. It involved stepping right outside the only Church that existed, and consequently creating, *ex nihilo*, a new church structure. It was not only a question of stating different doctrines; it was a matter of evolving from these doctrines a new pattern of life in co-operation with civil authorities who were not over-inclined to bow to the wishes of the theologians. It involved, by the time Calvin came into the struggle, the reconciling of various strands of belief within the Reformation. And finally the Reformation was not a clear-cut confrontation between two beliefs. Mention has been made of the 'radical' wing of the Catholic Church, determined on reform, but reform within the Church, not by separation from it. There has been no space to mention that the Reformation also had its 'radical' wing—Anabaptists and Spiritualists for whom Luther, Zwingli, and Calvin did not go far enough; these too constituted a serious threat to the establishment of the Reform as Calvin understood it. He was of necessity involved in struggle on every one of these fronts: for failure on any one of them could damage the whole Reformation movement.

Thus, in addition to the legal work already mentioned, his life in the years that followed his return was crowded.[1] In addition to his pastoral duties, he preached several times a week; lectured regularly on the Bible and published the commentaries thus produced; invariably presided over the weekly meeting of the ministers; exchanged letters with hundreds of correspondents all over Europe, from the greatest to the least; was engaged in constant conflicts with the city authorities on matters of doctrine and church discipline; revised the *Institutio* in 1543, 1545, 1553, 1554, 1559, following each revision of the Latin with a corresponding French translation; wrote numerous minor treatises, some in Latin, some in French.

The treatises we have selected from this enormous output are intended to illustrate three aspects of the multiple conflicts of the Reformation; they also show different sides of Calvin's character; and they are among the best examples of Calvin's command of the French language, which places him in the first rank of any survey of writers of French. Our treatises all belong to the years 1541–4; the *Traité de la Cène* was written in Strasbourg and published at Geneva, the others were composed fairly soon after his return to the latter city.

B. BACKGROUND TO THE TREATISES

I. *Advertissement tresutile du grand proffit qui reviendroit à la Chrestienté, s'il se faisoit inventoire de tous les corps sainctz, et reliques, qui sont tant en Italie, qu'en France, Allemaigne, Hespaigne, et autres Royaumes et pays.* 1543.

The title of this treatise (usually referred to as the *Traité des Reliques*) is not explicitly anti-Catholic: it gives no hint that the text is going to propose that relics should be suppressed altogether. Such ambiguity is a common feature of polemical writing in the early Reformation; this work, and dozens like it, are propaganda pamphlets, destined for clandestine circulation among the unsuspecting populace. Who would guess, for example, that *Le Livre des marchans, fort utile a toutes gens, pour cognoistre de quelles marchandises on se doit garder destre trompe* is a scathing attack on clerical greed, or

---

[1] Colladon, *Vie de Calvin. Opera omnia*, xxi, 66.

that the *Declaration de la Messe, le fruict dicelle, la cause, et le moyen, pour quoy et comment on la doibt maintenir* declares, on the contrary, that the Mass should be abolished?[1]

The idea of making their appeal to the common people by writing in the vernacular came early to the Reformers, and was to contribute immensely both to the spread of the Reformation and to the use of modern languages in general.[2] Several factors prompted this use of the vernacular. The stress of the Reformers on faith as the centre of the Christian life presupposes an understanding of what is believed; thus, in contrast to medieval, 'external' Catholicism where certain actions, duly performed with or without real understanding, were a satisfactory performance of one's duty to God, this new dispensation required that every believer should understand the teaching of the Gospel. Erasmus, in 1516, was already expressing the wish that the Scriptures 'were translated into all languages so that they could be read and understood not only by Scots and Irish, but also by Turks and Saracens'. Lefèvre d'Etaples translated the Bible into French, as Luther did into German and Tyndale and Coverdale into English. In these countries, moreover, the Reformation movement early became linked with nationalist feelings; in both England and Germany the revolt against Rome was an assertion of national consciousness, and the Reformers were aware of the part that the national language had to play in this. Luther said of his translation of the Bible: 'I endeavoured to make Moses so German that no one would suspect he was a Jew.' Calvin himself translated the *Institutio* into French because of his concern, he says, for *la nation françoyse*. Finally, the Reformers were upholding the individual conscience as against the official teaching of the Church. This message had to be transmitted direct to the people, by-passing the official structure of the Church. For this purpose, erudite Latin was of no use: the language of the people must be used.

This need to appeal to the people influenced the sort of subject raised in these treatises. The idea that the depths and finesses of theology could be treated in the crude language of every day must have appeared wellnigh impossible, until Calvin did it in the

---

[1] Both titles are by Antoine Marcourt, and appeared in the 1530s.
[2] As far as French is concerned, see F. Brunot, *Histoire de la langue française*, ii, 3rd edit. (Paris, 1947), 14–21.

Institution; and that text was conceived, not as a book for everyone, but particularly for theological students. The most that was handled in general was the brief and simple statement of articles of Reformed faith—e.g. Farel's *Summaire et briefve declaration daulcuns lieux fort necessaires a ung chascun chrestien...*, of 1525, or, in verse, Marot's exposition of justification by faith in his *Deploration de Florimond Robertet*, of 1527[1]—or alternatively, and most fruitfully, numerous non-theological subjects. Profit-greedy prelates, ignorant and debauched clergy, the sale of pardons and offices: these were matters which were easy to understand by anyone who could read or listen to another reading aloud. They were subjects on which it was easy to pour scorn and ridicule, and to arouse indignation. True, works on these subjects could do little to transmit the positive message of the Reform; but they could, and did, discredit a Church which claimed infallibility while being so visibly fallible. They could pave the way for a sympathetic hearing of more serious matters.

Calvin's *Traité des Reliques* is such a work. Discrediting the Roman Church is the aim, ridicule is the weapon. But the choice of subject is not random; the point at stake is one which is central to Calvin's thought, and corresponds with the uncompromising character we have already seen in him.

It is natural that, from the earliest times of the Church, the heroes of the faith, the saints and martyrs, should have been commemorated and venerated; and that relics of them—their mortal remains, or their possessions—should have been treasured as having been so closely connected with exemplary sanctity. Even Calvin can find nothing intrinsically wrong in that. But in the subsequent centuries a whole pattern of beliefs had grown up around the saints and their relics. As they were already at the right hand of God in heaven, they could intercede on our behalf before God's throne; a channel to God's mercy and forgiveness was through prayer to the saints. Their relics, too, became increasingly imbued with power: it was as if something of their sanctity had rubbed off on to their clothes.[2] Relics became objects of

---

[1] See C. A. Mayer, *La Religion de Marot* (*Travaux d'Humanisme et Renaissance*, xxxix, Geneva, 1960), pp. 122–9.

[2] Cf. Acts xix.11–12, a text often quoted by Catholic apologists.

pilgrimage; grace was obtained by kissing this slipper or that piece of bone (and, admittedly, paying for it).

All this, to Calvin, is iniquitous, a masterpiece of the Devil's work. God alone is the object of our worship; access by the faithful to God is achieved through Christ alone, and in no other way. Therefore any suggestion that there are other roads to God, through the saints or anything else, is an insult to the unique position of Christ as our only Mediator. Moreover, there is no question of our making our way to God, of earning our ticket to heaven by kissing relics or by any other action; for man, to Calvin, is utterly incapable of anything good in the sight of God (the doctrine of total depravity). Indeed, man's innate propensity to evil is illustrated by the fact that, historically, he has proved incapable of *venerating* a relic (which is permissible) without going further and *worshipping* it. Man can do nothing good. On the contrary, whatever hope we have of being saved is entirely a pure gift of God to us, brought to us by Christ. Therefore, the suggestion that we can somehow acquire merit in the sight of God by worshipping a relic is once again an insult to the unique achievement and gift of Our Lord.

These uncompromising affirmations—worship of God alone, the unique place of Christ, the total depravity of man—are the bare bones of Calvin's theology; and it is not by chance that Calvin selects, in his most popular treatise, the subject of relics, where the points may be suggested so vividly.

But most of the treatise moves, in fact, in less abstract realms. For the vulnerable point is not so much the theological status of relics (that is dealt with amply in the *Institution*, I, xi), but the blatant abuses and trickery that were being practised; most of the work is simply a catalogue of relics claimed to be in two or more places. This needs no commentary or explanation. The body of the treatise, then, is not so much expounding his own teaching as discrediting the position of his adversaries. The powers that be in the Roman Church, he is saying, are involved in a vast and unscrupulous deception: if this is true of relics, is it not also true of other things?

Calvin was of course not the first to perceive the existence of such abuses. He himself quotes St Augustine; in the twelfth century, Guibert de Nogent produced a treatise *De pignoribus sanctorum*, remarkably close in content and outlook to Calvin's work; Chaucer's Pardoner had his 'pigges bones'; and numerous other examples could be given of an awareness that many relics were false. Why then was no action taken earlier?

The Catholic Church, then as now, was conscious of the psychological value of some material 'peg' on which to hang one's devotional life, something tangible on which attention could be focused. This was especially important at a time when, in a mainly illiterate world, pictures, statues, objects of all sorts were the necessary basis for popular piety. The Church was aware that many of these objects were in themselves worthless; but in calling them *pias fraudes*, the stress was on the adjective: they served to nourish piety, and this was good. Unless an object was demonstrably a fake (and sometimes even when it was), it should be retained for its value in guiding the people's thought and prayer.

Calvin insists that the primary stress must be on the noun: if they are frauds they are frauds, and no good devotion can come out of them. The medieval notion of piety, of *dévotion*, is suspect to him as being woolly, uninformed, misguided. The truth must be established first.

Albert Autin, in his edition of the *Traité des Reliques*, expresses doubt as to the accuracy of Calvin's inventory.[2] No complete investigation has ever been made on the subject; J.-A.-S. Collin de Plancy, in his *Dictionnaire critique des reliques et des images miraculeuses*,[3] uses Calvin as one of his sources, and consequently is not always useful as independent evidence. However, in those cases where independent corroboration has been possible, Calvin's information has almost invariably proved reliable. Indeed, the fact that several treatises composed with the intention of refuting Calvin fail to establish factual errors in the *Traité* is fair evidence as to his correctness.[4]

---

[1] Cf. F. M. Higman, *The Style of John Calvin in his French Polemical Treatises* (Oxford, 1967), p. 77.

[2] 'Il faut craindre que Calvin n'ait accueilli trop complaisamment, parce qu'elles servaient sa cause, les histoires les plus extravagantes...Nous soupçonnons l'auteur d'être enclin, malgré ses protestations de n'avoir pas tout dit, à accepter au contraire, d'où qu'ils viennent, et sans contrôle, les contes les plus ahurissants' (pp. 44–5).   [3] 3 vols., Paris, 1821–2.

[4] '[L'abbé de Cordemoi] prouva que Calvin avait raison, puisqu'il ne montra nulle part qu'il eût tort.' (Collin de Plancy, I, liii.)

II. *Petit Traicté de la saincte Cene de Nostre Seigneur Jesus Christ.* 1541.

With the second of our treatises, we move on to a fundamental question of the Reformation: the nature of the Sacrament of Holy Communion. It may be worth sketching briefly the basic points involved.[1]

The institution of the Holy Communion (see 1 Cor. xi.23–6) is the basis of an act of worship, and that act of worship is closely connected with the Crucifixion. On these points all parties before and during the Reformation are agreed; and they are all agreed that the Communion is in some sense a central act of the Christian life. But the meaning to be given to this act is not defined in St Paul or in the corresponding passages of the synoptic Gospels; John vi.32–58 may or may not be taken as an explanation of what the facts mean. Thus there is ample room for divergences of interpretation.

(a) *The Roman Church.* Scholastic philosophy, following Aristotle, described objects as having *substance* and *accidents*. The substance is the inner reality of a thing, the accidents are all the qualities belonging to a thing—qualities which could be different without rendering the substance different. Thus the accidents of a table are its size, shape, colour, weight, and so on: these could be altered without the table ceasing to be 'substantially' a table. This concept was applied in the Middle Ages to the elements in the Communion. The words of institution, 'This is my body...this is my blood' mean that the elements, the bread and wine, are changed in *substance* into the flesh and blood of Christ, although the *accidents* remain those of bread and wine—the taste, colour, texture remain the same. This is the doctrine of transubstantiation. It has important consequences. Transubstantiation means that in the service Christ is really and bodily present, in the elements. The elements are worshipped, because they *are* Christ.

Moreover, a common view at the time of the Reformation

[1] There is no intention in what follows to give a complete statement of any Eucharistic doctrine; this précis is merely designed to give some understanding of the major points of conflict between the various confessions in the period. For a proper statement of doctrines, see the article 'Eucharistie' in the *Dictionnaire de théologie catholique*; A. Barclay, *The Protestant Doctrine of the Lord's Supper: a study of the Eucharistic teaching of Luther, Zwingli and Calvin* (Glasgow, 1927); R. S. Wallace, *Calvin's Doctrine of the Word and Sacrament* (Edinburgh, 1953).

related the Mass to the Crucifixion by saying that in the Mass the sacrifice of Christ is re-enacted, takes place in the here and now before our eyes. The act of partaking of the elements means that the believer really is becoming part of Christ, and Christ part of him (cf. John vi.56). The Mass is thus a means of grace, and a necessary means (John vi.53). Hearing Mass is an act which earns merit in the sight of God.

One can see why an attack on the Mass was the greatest possible outrage to the Catholic Church. It was just such an attack (the *Affaire des placards*, October 1534)[1] that precipitated François I's decisive rejection of the Reform, and the ensuing persecution.

(b) *Luther*. Like the other Reformers, like John Huss, who had been burnt for it in 1415, and like reforming spirits within the Roman Church (for example, Briçonnet), Luther reacted against the tradition that had grown up whereby only the priest received both bread and wine, while the people received the bread only. But this was not a fundamental point.

For the Reformers the basic error in the Mass is the claim that the sacrifice of Christ on the Cross is re-enacted in the celebration. That sacrifice was unique, needing no repetition and incapable of repetition. The bread and wine do not turn into flesh and blood; they remain bread and wine. Thus the adoration of the elements, as in the Mass, is idolatrous. Nevertheless, for Luther, there is a sense in which Christ becomes really present; in the act of consecration the elements become imbued with the invisible, glorified body of Christ; Christ is included 'in, with and under the elements', although these do not change their nature. This difficult concept, known as consubstantiation, is illustrated by Luther with an analogy: an iron heated in the fire retains all the qualities of iron, but also has all the qualities of heat.

To Luther, as to the Catholics, therefore, the consecrated elements do really convey to the recipient the body and blood of Christ, regardless of the attitude of the recipient. However,

[1] These *Placards* or broadsheets, which appeared all over Paris during the night of 17–18 October 1534, were a violent attack on 'l'horrible et execrable blaspheme de la messe', couched in terms which inevitably produced bloody reprisals against the weak and unprepared *luthériens*. The text of the *Placards*, and a detailed (though not always reliable) study, is given by R. Hari, 'Les Placards de 1534', in *Aspects de la propagande religieuse* (*Travaux d'Humanisme et Renaissance*, xxviii, Geneva, 1957), pp. 79–142.

Luther denies any notion that merit can be obtained by partaking in the Communion, since grace is given through faith alone. If the elements are taken unworthily, they bring condemnation and not life (1 Cor. xi.27, 29).

(c) *Zwingli*. Zwingli's reform at Zürich is not a continuation of Luther's work, although Zwingli's thought was initially influenced by Luther's. The Reform movement at Zürich was more or less independent, and simultaneous with that at Wittenberg.

Zwingli's attitude to the Lord's Supper is quite different to that of Luther. Whereas Luther, like the Catholics, pointed to the words 'This is my body' as the clue to the central meaning of the sacrament, Zwingli stressed the words 'Do this in remembrance of me.' To his almost rationalist mind, the idea that the elements undergo any change at all is mere superstition; the notion that spiritual grace can be conveyed by physical objects is repugnant to him. The sacrament is a *commemoration* of the unique sacrifice on the Cross. Nonetheless a spiritual event does take place: the sacrament is a sign or symbol of a spiritual blessing, and this blessing is given by the Holy Spirit to the believer in the Eucharist, in some way which Zwingli does not define. But the partaking of the elements themselves does not do anything to the recipient.

(d) *Calvin*. When Calvin came to Geneva, it could be assumed that the theological line of that city would be that of Zwingli rather than Luther's if only by its proximity to the Zwinglian Swiss cantons of Berne and Zürich. In so far, that is, as one can speak of rigid categories like Zwinglianism and Lutheranism: at this period beliefs and doctrines may have been defined by the leaders, but much latitude was still possible among individuals. So Calvin was not so much following either Luther or Zwingli when he formulated his statements, as thrashing out his own viewpoint in the light of their teachings. His visit to Strasbourg was of capital importance in this respect; for Bucer's views attempted to mediate between Luther and Zwingli, and Calvin, already tending in this direction before he went to Strasbourg, could not but be confirmed in his thinking by his contact with Bucer.

Like Zwingli, he cannot accept that the Sacrament of Holy Communion is necessary to salvation; salvation is through faith in the Word and that alone. The ministry of the Church is the ministry of the Word and Sacraments together; he insists that the Word be preached at the Lord's Supper. Nonetheless, the Communion is a God-given, and therefore valuable, form in which the message is expressed. Like Zwingli, he accepts neither transubstantiation nor consubstantiation: there is no local bodily presence of Christ in the elements. But more emphatically than Zwingli, Calvin stresses that there is more in the sacrament than a mere symbol. To him the nature of a sacrament (which is defined, by common consent, as 'an outward and visible sign of an inward and spiritual grace') necessitates that the spiritual meaning be *conjoined* with the visible sign; otherwise the sign is empty and no sacrament at all. He therefore argues that, when we say 'This is my body', that statement is true *spiritually*. The elements are more than mere bread and wine: they are the 'spiritual substance' of Christ's body, received by faith. After all, what is physical cannot nourish the soul; spiritual food for a spiritual faculty. Thus, whereas the Romans, and the Lutherans, maintain that a communicant receives the body and blood of Christ whether he is a believer or not, Calvin maintains that the believer receives the spiritual gift of Christ, but that the unbeliever by his unbelief empties the sacrament of its meaning.

This extremely subtle and complex definition is reflected in the terms he uses in the *Traité de la Cène*. On the one hand he affirms that we do receive Christ in the Communion, in terms which sound almost Lutheran (cf. pp. 106, 107 below); on the other, he speaks of the sacrament as a *miroir*, a *tesmoignage*, a *peinture* of the gift of Christ, expressions which suggest that the Communion itself does not convey the gift. Ultimately, as he admits in the *Institution*, it is a great mystery, which can be felt rather than understood (*Inst.* IV, xvii, 32).

His exposition in the *Traité de la Cène* performs three functions:

(i) It defines his complete rejection of the Mass. The sacrament is not a re-enactment of the unique sacrifice on the Cross; Christ is our only mediator. As it is not a sacrifice, no merit is earned by participating in it. Spiritual benefits do derive from it; the believer is strengthened in his faith and life by the spiritual food he receives; but he does not receive credit points in heaven simply by the fact of his participation.

(ii) It proposes a teaching which, he believed, could reconcile the Zwinglian and Lutheran viewpoints, and heal the most

damaging split within the Reformation. Calvin was particularly
conscious of the damage this division could do; for several years
before his conversion, he himself had refused to take account of
the Reformed ideas because of this conflict between the factions.[1]
The last paragraph of the treatise shows that he believed that the
problem was about to be solved.

(iii) It spells out his own position, which became the doctrine of
the Church in Geneva, and hence of Reformed Protestantism in
many parts of the world. In this treatise, together with the
Catéchisme of 1537 and the *Institution*, Calvinism as a distinct
branch of the Reformation is being born. That it should be in
opposition to other branches of the Reform was no part of his
intention; but he felt it his duty, as a chosen instrument of God, to
explain and define what he believed to be the truth.

III. *Excuse de Jehan Calvin, à Messieurs les Nicodemites, sur la complaincte qu'ilz font de sa trop grand'rigueur.* 1544.

If the *Traité de la Cène* shows Calvin's moderation to those
whom he can regard as brothers, the *Excuse* shows his violence to
those he cannot. The tone of this pamphlet is partly due to the
profound doctrinal differences it reflects, partly also to the fact
that the threat presented by those that Calvin dubs *Nicodemites*
was one of the most dangerous to the Reform movement.

The reasons for which Calvin rejected the Mass as a travesty of
the rite of Holy Communion have been mentioned in connection
with the *Traité de la Cène*. The Mass, of course, was not the only
point of conflict; on the nature of faith, the role of works, the
organization of the Church, on other sacraments, Calvin and the
other Reformers rejected the teachings of Rome. It is characteristic of the period, and of Calvin in particular, that such a rejection
cannot be allowed to remain as a polite divergence of opinion.
For the sixteenth century was an age which believed in the reality
and the active operation of the Devil; an 'erroneous' opinion
(from whichever standpoint) must be attributed directly to the
machinations of Satan. That being so, it ceases to be a mild
aberration, and rapidly becomes a positive and wilful act of evil,
an assault on the Kingdom of God. As such, it must not merely be
contradicted, it must be destroyed.

[1] See *Opera omnia*, ix, 51.

The assault known to historians as the 'crise du Nicodémisme' was a dangerous one indeed to the Reformed Church; it was a reasonable and moderate point of view, which had many attractions and many adherents. It may be traced back to the *évangélique* or *réformiste* position of the early 1530s. There were many then and earlier who, as we have seen, desired a reform of the Church, but without effecting a schism in the Church. The Church had gone astray, it is true: abuses, unscriptural teachings, inadequate spiritual and moral guidance were widespread. But the way to remedy this was to correct the faults, not to overthrow the institution: for that was established by Christ Himself. The sort of purification of the Church which these moderates envisaged, an evolutionary reform, could not happen overnight; it would be a long process, involving co-operation with those of other views, compromise with conservative elements, infiltration of the hierarchy; but within the bond of charity of the Church, it would certainly come about.

To these moderate reformers within the Church were soon added others of a somewhat different character. The Reformation had first made its mark as a liberating force. It brought freedom. It taught that compulsory attendance at church rites, compulsory confession to the priest, compulsory penance were human impositions, not the freedom of the Children of God. It taught that faith in the promises of the Gospel, not obedience to certain rules, brought salvation. It freed the Chosen People of God from the yoke of Rome, likened to the Babylonian captivity, and brought them into the Promised Land of direct, free communion with God in Christ.

Now, when persecution of these teachings came, sporadically in the 1520s and much more energetically after 1534, it was clear to many that this message of freedom enabled them to achieve a *modus vivendi* in a dangerous world, without taking on themselves the suicidal heroism of open denial of Rome. Precisely because God has not imposed on the individual conscience laws of ceremonial obedience, but demands instead an inner, spiritual allegiance and love, He is not concerned with the outward form of a believer's worship, as long as the primary factor, the attitude of mind and heart, is right. Go to Mass, then; denounce in your heart the errors, the idolatrous aspects of the ceremony; remember that this rite, deformed though it may be, contains in essence the Sacrament instituted by Our Lord; worship in your heart, in what you know to be the right way; ask forgiveness of God for the inadequacy of your worship, and He will accept your imperfect offering. This attitude was a perfectly sound application of the freedom preached by the Reformation; it was also much safer than outright denunciation of idolatry.

That these views were seriously and sincerely held may be illustrated by two of their most prominent adherents: Gérard Roussel and Marguerite of Navarre. Roussel, as we have seen, was one of Briçonnet's team of priests in the diocese of Meaux in 1521; he was one of Farel's teachers. By 1531, he was chaplain to Marguerite of Navarre and established at Nérac, capital of the little kingdom of Navarre. He introduced there, as Briçonnet had done at Meaux, a form of Mass which coincides with many of the Reformation teachings: no adoration of the elements, no invocation of the saints, communion for both priest and people in both kinds. His preaching, too, was 'evangelical', and the size of his congregations aroused the wrath of the Sorbonne. Calvin met Roussel in 1534, and they became friends.

But Roussel remained within the Church. In 1537 he became Bishop of Oloron, and there he continued the good work, preaching the Gospel, caring for the poor, educating the young properly. He was sincerely convinced both of the Gospel faith and of the validity of the Catholic Church.

Marguerite herself was the main defender of the early Protestants in France. Her court at Nérac gave asylum at one time or another to Lefèvre d'Etaples, Roussel, Farel, Calvin, Marot, Bonaventure des Périers, and many others who were being incommoded by the Sorbonne. However, she cannot herself be counted a Protestant in any formal sense. For one thing her position made it impossible for her openly to embrace the Reform even if she had wanted to: her husband Henri d'Albret would hear none of it, and the authority of a sixteenth-century husband was great. (Renée of Ferrara, daughter of Louis XII of France, was actually imprisoned by her husband for refusing to attend Mass.) But more than that, Marguerite was a mystic: she felt profoundly the triviality of external ceremonies of any sort, as contrasted to the spiritual essence of faith. Indeed, she later received in her entourage some

Spiritualist preachers from the extreme radical wing of the Reformation, anathema to Rome, Wittenberg and Geneva alike—preachers who rejected the formalism of Geneva as strongly as the formalism of Rome, and who taught the entire spiritual freedom of the regenerate. Marguerite was incensed when Calvin denounced her protégés in a violent pamphlet (*Contre la secte phantastique et furieuse des Libertins, qui se nomment spirituelz*, 1545). When she died in 1549, it was as a Catholic. So on the one hand, Roussel was convinced that the Catholic Church was the only framework within which a valid reform could be achieved; on the other, Marguerite probably felt that no framework was of great importance, and that the essence of religion lay outside the whole question of institutionalized Churches. To neither was there any need to deny Rome out of hand.

Towards 1540 this feeling was becoming strong in France. As A. Autin says, 'Il s'en est fallu de peu, aux environs de 1540, que tout ce qui en France avait subi, dans toutes les classes de la société, l'influence des idées de réforme ne se résorbât en quelque sorte dans une attitude équivoque de demi-soumission à l'Eglise et de protestation secrète contre ses défectuosités.'[1] Thus, to Calvin, this point of view threatened to water down the Reformation message until it disappeared. It was clearly the work of Satan, all the more devilish for being so subtle a snare. It had to be eradicated.

In 1537 he published two letters he had written on the subject to friends in France; one of these letters was to Roussel. There are some aspects of religion, Calvin says, which are indifferent, neither good nor bad. One may participate, or not, without sin. But there are others which are fundamental; there is no possibility of compromise with that which is directly contrary to the Word of God. There can be no common ground between Satan and the faithful. The Roman Church is of this kind: the work of the Devil. The faithful cannot have any truck with it. Calvin goes so far as to assert that, if a believer so belies his principles as to accept preferment from Rome (the allusion to Roussel's recent consecration as Bishop is clear), then his motive can only be the unworthy one of financial gain. (The same accusation appears again in the *Excuse*, p. 136.) This was manifestly unjust; even Farel was aware

[1] *Traité des Reliques...*, p. 22.

of the sincerity of Roussel's position.[1] But it illustrates the extent
to which Calvin was simply incapable of understanding that others
faced with what, to him, was a perfectly clear distinction between
good and evil, might not see the matter in the same light or reach
the same conclusion.

This intransigence is amply manifested in Calvin's next work on
the subject, the *Petit Traicté monstrant que c'est que doit faire un homme
fidele congnoissant la verité de l'evangile: quand il est entre les papistes*
(1543).[2] Here he expounds at length his reasons for rejecting the
validity of the Roman Church; he goes stage by stage through the
Christian's life—baptism, confirmation, marriage, death—declaring at each point the errors of the Roman teaching on the subject;
he explains that the Mass is not merely a deformation of the
Communion but a contradiction of it, as dissimilar as night is to
day; he concludes that there is only one wholly satisfactory
solution for the believer: emigration.

A strong line indeed, especially from a relatively young man
(he was 34 when the *Petit Traité* appeared); and approbation in
France was far from unanimous. There were no treatises written
in reply to Calvin, but the argument was hot.[3] In particular the
'compromisers' pointed for their justification to the figure of
Nicodemus, a ruler of the Jews, who (John iii.1 ff.) 'came to
Jesus by night' for instruction. If Nicodemus was not condemned
by Christ for taking elementary precautions for his personal safety,
why should responsible people in France be condemned by Calvin
for their caution?

Hence the name 'Nicodemites', which Calvin, always happy to
create ironic nicknames, laid on them in his reply, the *Excuse de
Jehan Calvin à MM. les Nicodemites*. Not that he means either the
title or the nickname to be justified: one of the main points in the
treatise is that it is not Calvin who makes the demands, but God;
and he concludes by demonstrating that Nicodemus, later in life,

[1] Letter to Calvin, 16 April 1540; *Opera omnia*, xi, 33.

[2] This treatise is reprinted in *Opera omnia*, vi, 537–88.

[3] Antoine Fumée, a member of the Parlement de Paris and a friend of Calvin,
wrote to him late in 1543 saying that 'a number of people think your assertions
are thoroughly wretched. They accuse you of being merciless and very severe to
those who are afflicted; and say that it is easy for you to preach and threaten
over there, but that if you were here you would perhaps feel differently' (*Opera
omnia*, xi, 646).

set an example of courage and outspokenness that puts his so-called followers to shame (pp. 147-9).

The *Excuse aux Nicodemites* does not contain much theological argument; that had already been presented in the *Petit Traité*, and Calvin need only refer back to that for his justification. The tone of the treatise is all the livelier for that; Calvin takes the opportunity to single out certain groups of 'doubters' for caricature and castigation (and in doing so he gives a good picture of the sort of milieux in which the Reformation was making progress). The result is perhaps the most vivacious of Calvin's polemical works, certainly the most skilful.

C. CALVIN THE WRITER

Such, then, is the theological and historical background to our treatises. While it has been necessary to explore theological questions at some length, however, the intention in this edition is not so much to concentrate on these aspects, as to present the treatises as examples of the literary skill which Calvin brought to the exposition of his thought. Calvin's contribution to the formation of the French language as we have it today is enormous; and it has for long been more or less entirely neglected. It will be worth investigating the qualities of language and organization in these treatises which we do not find in his contemporaries, and which in many respects anticipate criteria of 'good French' which still pertain today.[1]

The first and most obvious quality of these treatises is the clarity of their organization. This is so much taken for granted today as a characteristic of good writing that it may easily be overlooked in a situation where it is, in fact, something of a novel achievement. The *Excuse aux Nicodemites* has as its main section a systematic examination of four types of *Nicodemites*, followed by a refutation of a series of objections that had been made to Calvin's *Petit Traité*. The *Traité des Reliques* has an even simpler plan in its 'catalogue of relics'. The *Traité de la Cène* is the most notable of all; Calvin starts by listing five main points that he wishes to deal

[1] For a more detailed analysis of Calvin's style, see F. M. Higman, *The Style of John Calvin in his French Polemical Treatises* (Oxford, 1967).

with, and this plan is strictly adhered to. Within each section, too, points are clearly presented and often numbered: in Section I, the reasons why Christ instituted the Sacrament, he concludes (*TC*, p. 103) with three major reasons; and these three reasons are taken up again at the end of Section II, on the benefits we receive from the Sacrament (pp. 108–9). In the fourth major section, distinguishing the Sacrament from the Mass, he argues out a series of objections against the Mass, and then, before proceeding to the final section, gives a succinct summary of the points of difference. Throughout, the instructive nature of the treatise is obvious.[1] Calvin has reduced what is in fact a highly complex subject to a form where even the least educated can master it.

These principles of simplicity and clarity appear equally at other levels of style—syntax and vocabulary. It has been said that Calvin, 'on theological subjects at any rate, habitually thought in Latin'.[2] While of course the *Institution* was thought out in that language, it is highly misleading to imply that Calvin's French is latinized.[3] Latin—certainly the Latin of the humanists—is a hypotactic language, that is, complex sentences, subordinate clauses, participial constructions and the like, are frequent. Such syntax was often carried over into French at the period: for example, the set speeches and letters in Rabelais (e.g. *Gargantua* l; *Pantagruel* viii). If we compare the syntax of those passages with that of our treatises, it will be seen that Calvin's syntax is far more simple. This is partly due to the fact that subordination is less frequent in Calvin (though by no means absent); partly to the extensive use of adverbs, relative pronouns and conjunctions which keep the sentence pattern clear (*d'autrepart*, *toutesfois*, and so on); most importantly to the regularized word order of subject, verb, object (in strong contrast to the rather archaic inversions beloved by Rabelais), and to the almost invariable use of expressed pronoun subjects (where Rabelais, following Latin syntax as much as that of Old French, frequently omits them).

[1] It will be seen from the variants that the second edition, in all respects a more careful product than the first, makes the structure more explicit than it was in 1541.

[2] A. Tilley, *The Literature of the French Renaissance* (Cambridge, 1904), i, 230.

[3] True, the occasional Latin construction is found, e.g. '*Depuis le debat esmeu* il [Luther] a excedé mesure...' (*Traité de la Cène*, p. 129); but these are notable only for their rarity.

Simplicity and clarity are equally apparent in Calvin's vocabulary. Not for him the creative verve of a Rabelais; despite the fact that he was handling subjects and ideas never before treated in French, and despite the fact that neologism was a mark of 'good' style at the time, Calvin avoids neologism in any situation where it might produce obscurity. He had coined words in the 1541 *Institution*, and uses them in these treatises: e.g. *tergiverser*; but the noun *tergiversation* had already been long known in French, so the new derivative was easy to understand. Similarly, in the *Traité de la Cène* he uses *hyperbolique* (which, according to etymological dictionaries, was not coined until 1546, by Rabelais); again, *hyperbole* was already familiar. He is freer in his use of neologisms of a pejorative nature, where the precise meaning is not so important: he coined *manigance* in 1541; the pejorative meaning of *antiquailles* is found for the first time in the *Traité des Reliques*.

Calvin is one of the first writers of French to pay attention to the precise definition of the words he uses. Mention has already been made of the care with which he selects his words in the *Traité de la Cène*, seeking to define precisely what he means by the Sacrament. A careful study of his paragraph refuting transubstantiation (*TC*, pp. 119–20) will show how much his argument relies on definition of his terms. An extreme example appears later in the *Traité de la Cène*. He calls the Mass 'une pure singerie et bastelerie' (p. 123). Common coin of Reformation polemics, we may think. But Calvin then proceeds to define his terms: 'Je l'appelle singerie, pource que...Je l'appelle aussi une bastelerie, à cause que...' Rare indeed is the man who defines even his insults!

Finally, as an aid to clarity, mention should be made of Calvin's use of imagery. True, we are a far cry from Montaigne's systematic concretization of his thought—'...des asnes chargez de livres. On leur donne à coups de foüet en garde leur pochette pleine de science...' (*Essais*, I, 26, Pléiade edit. p. 213). Nonetheless, images which help the simple reader to grasp the meaning abound: the Sacrament is a *miroir* to contemplate the sacrifice of Christ; avoiding the Sacrament because one is unworthy is like refusing medicine because one is ill (*TC*, p. 113). The faithful must set themselves to their task: *mettre la main à la paste*. There are many images of this nature in the Bible, and Calvin uses some of them: *regimber contre l'esperon* (*Excuse*, p. 135; cf. Acts ix.5), for example. He dwells on the image (based on 1 Cor. x.17) of the community of believers as symbolized by grains of corn united in bread. The Sacrament of the Lord's Supper is itself an instructive concretization of the Word; and in the same way, Calvin is constantly clarifying his thought by means of images and analogies.

Thus, Calvin's pedagogical concern, the desire to be understood by the common people, leads him to concentrate on simplicity and definition of vocabulary, clarity and structure in syntax, order and pattern in his argument. That this was a conscious aim, and was the idea he had of his own style, is illustrated by his comment in another treatise, *Contre les Anabaptistes*:

Je me suis efforcé le plus que j'ay peu, de m'accommoder à la rudesse des petis, pour lesquelz principallement je travailloye...J'ay tenu une façon autant populaire et simple qu'on la sauroit souhaiter...Il n'y a meilleur moyen, que d'exposer et deduire les matieres distinctement et par certain ordre demener un poinct apres l'autre: bien poiser et regarder de pres les sentences de l'escriture, pour en tirer le vray sens et naturel, user d'une simplicité et rondeur de parolle, qui ne soit point eslongnée du language commun...Je m'estudie à disposer par ordre ce que je dy, afin d'en donner plus claire et facile intelligence. (*Opera omnia*, vii, 139–40.)

Simplicity and clarity, however, are not the whole story. If they were, the treatises might merely discourage by their austere monotony and unembroidered factuality. They would lack persuasion: and in fact, they are nothing if not persuasive.

Calvin's objective is to convince and move his readers; the weapons at his disposal are numerous. For a start, his simplicity itself may be a persuasive 'technique'. The *Traité de la Cène* is an example. He might have started with a refutation of erroneous views, i.e. his attack on the Mass; following that with statements of Luther's and Zwingli's positions, and concluding with his own definition, which is, as we have seen, an attempt to mediate between the other Reformers. But this would have been equivalent to giving other people's opinions, and then his own opinion. Why should the reader believe him rather than the others?

Instead, he starts with the definition of his own position; but in so doing, he presents it not as personal at all, but as factual truth. Later we shall find that other people have opinions—'les hommes, de leur teste, ont inventé...'; 'Luther...traictoit en telle sorte la matiere de la Cene...'; 'Zuingle et Oecolampade...penserent...' But nowhere do we find 'je pense', 'mon opinion est...'; instead the first, expository, sections of the treatise are given as statements of simple fact. Instead of the first person singular, we find impersonal verbs—*il fault que, il est de mestier que, il s'ensuit que*—and the verb *estre*: these things *are*. 'L'efficace de la Cene est de nous confermer la reconciliation que nous avons avec Dieu, par sa mort et passion...Il fault doncques que la substance soit conjoincte avecques, ou autrement il n'y auroit rien de ferme ne certain' (p. 105). The Catholics would disagree with the first sentence, some Zwinglians with the second. But before we read about either, we have it imprinted on our minds that these are the facts; therefore we are led to conclude that it is the Catholics and the Zwinglians who are wrong. This in itself is a potent weapon in the 'battle for hearts and minds' Calvin is engaged in. There are many others.

 The art of persuading men by language, the art of rhetoric, systematized by the Greeks and treated by numerous Latin authors (Cicero and Quintilian being the most eminent), was a fundamental part of sixteenth-century education. The humanists, with their stress on eloquence and their love of Cicero, paid great attention to the art. Erasmus's *Encomium Moriae* is a masterly performance in the art of rhetoric; so are many parts of Rabelais's works. Calvin, too, knew his rhetoric; and more than any other writer of his age, he knew how to adapt his rhetoric to French, where others too often imposed classical rhetoric on the vernacular. In his works we do not find purely formal rhetoric which serves to embellish, but also to weigh down, the prose (as in the opening paragraph of Gargantua's speech, *Gargantua*, 1, for example). On the other hand, we do find numerous characteristics of that basic rhetoric which constitutes effective speaking.

 He had a particular talent for the rhythmical control of his sentences. One of his most characteristic forms of speech is the antithesis,[1] a standard figure of rhetoric:

---

[1] We have already noted the strong contrasts inherent in Calvin's thought (total sovereignty of God, total depravity of man), of which an antithetical style is a natural expression. For a fuller study of this connection, see Mario Richter, 'Lettura dei "Sonnets de la Mort" di Jean de Sponde', in *Bibliothèque*

Veulent ilz que je les benisse, en ce que Dieu les condamne? (*Excuse*, p. 135.)

[Les Papistes]...font meschamment idolatrer le peuple en le seduisant, et luy faisant à croire qu'un drappeau prophane est le linceul où fut enveloppé son Redempteur. (*Rel.*, p. 66.)

A contrast is stressed in the following by building up the first part of the sentence with a series of subordinates and intercalated phrases, so that the final three words stand out in strong relief:

Voila donc comme la folle curiosité qu'on a eu du commencement à faire tresor de reliques, est venue en ceste abomination toute ouverte, que non seulement on s'est detourné du tout de Dieu, pour s'amuser à choses corruptibles et vaines; mais que, par sacrilege execrable, on a adoré les creatures mortes et insensibles, au lieu du seul Dieu vivant. (*Rel.*, p. 51.)

Another basic technique of rhetoric is the use of several sentences or clauses in parallel construction. This is common in Calvin's prose as a way of achieving emphasis. To the objection in the *Excuse* that wholesale emigration by the faithful would prevent the spread of the Gospel in France, he says:

Je respons que c'est à Dieu d'y prouvoir. Je respons secondement que le partement d'un homme presche aucunefois en plus grande efficace qu'il ne pourroit pas faire de sa bouche. Tiercement je respons...Quartement je respons...Finallement je respons... (*Excuse*, p. 145.)

This use of rhythm, not merely to express a thought, but to express it movingly, is probably unequalled by any writer of his time.

Similar effects are found in many places. Perhaps the most striking piece of rhetoric in our treatises is the climactic passage of the *Excuse* where Calvin demonstrates that Nicodemus, far from being the timid character his opponents claim, was a man who risked his life for his faith, when, after the Crucifixion, he asked permission to bury the body of Christ. Calvin could simply have referred to this incident and given a biblical reference. Instead he re-creates the scene dramatically (*Excuse*, pp. 147–8). He changes to the present tense: 'Notons le temps...' He depicts the opposing parties vividly: 'voila les prestres, pharisiens, et tous les autres

d'Humanisme et Renaissance, xxx (1968), 330, 343; and 'Il Processo spirituale e stilistico nella poesia di Jean de Sponde', in *Aevum*, xxxvi (1962), 310.

ennemis de la verité, qui triomphent...: les povres fideles de
l'autre costé sont bien estonnez et quasi esperduz...Les pharisiens
et scribes et prestres sont aux escoutes, pour voir si quelcun osera
sonner mot...' Nicodemus steps forward, makes his request: 'Il ne
craint point la honte et l'opprobre. Il ne craint point la haine. Il
ne craint point le tumulte. Il ne craint point les persecutions.
Voila Nicodemiser.' The punch line breaks the rapid flow of the
sentences; the point is not only made, but made irresistibly. All
the stylistic devices Calvin uses to achieve this effect are defined in
the handbooks of rhetoric.[1] The skill lies in the application of the
precepts.

Another important element in the persuasive impact of Calvin's
style is its flexibility: again a rhetorical precept.[2] In the *Excuse*, he
addresses himself to four types of *Nicodemites*; and his style is
adjusted to his interlocutors. He speaks to the 'prothonotaires
delicatz...les mignons de court, et les Dames qui n'ont jamais
apprins que d'estre mignardées' (p. 138), who treat the Gospel as
a joke; the language he uses in addressing this fashionable society
is conversational, almost flippant, full of slang expressions (*faire le
niquet*; *faire la figue à un messire Jehan qu'elle craingnoit au paravant
comme foudre...*; *venir à jubé*)—until the final, severe rebuke where
the tone changes abruptly:

Il faut une fois comparoistre devant Dieu, pour estre jugez par ceste
mesme parolle que je leur propose maintenant.

Then he turns to the *gens de lettres*, the professional and educated
classes. His address to them is couched in language drawn from
their own professions—law, medicine, philosophy, theology (pp.
139–40). Instead of the conversational language he used to the
'socialites', we find the more ornate vocabulary and constructions
proper to those who should take pleasure in literary skill.

Calvin speaks to his audience, and adjusts himself to the way of
thinking of the precise public he has in mind. Our three treatises
illustrate three different aspects of this flexibility: the simplicity of

[1] For example, the *Rhetorica ad Herennium*, ascribed to Cicero at the time; book
IV of this is especially useful background reading for any sixteenth-century
literary studies.
[2] 'In speaking we should vary the type of style...Thus, by means of the
variation, satiety is easily avoided.' (*Ad Herennium*, IV.xi.16.)

the *Traité de la Cène* is directed to the simple, converted believer; the more prominent use of the rhetorical techniques of the schools in the *Excuse* is directed to a rather better educated, but certainly less convinced, public; the popularity and verve of the *Traité des Reliques* is aimed at a wider audience of the common people, whose allegiance to the Reformation cause must be won, by cajoling and entertainment as well as by preaching. The *Traité des Reliques* is something like a repertoire of everyday speech of the period. Proverbs (*croyre que vessies de belier sont lanternes*); colloquial expressions (*accorder les fleuttes*; *passer soubz un fidelium*); slang (*mentir à gueule desployée* or *à bride avallée*; *embabouiner*; *esplucher le nid* meaning 'to examine the matter closely'): the treatise is full of such language. Calvin uses irony (*ces sainctes reliques*; *toutes les vrayes croix qu'on adore çà et là*), or enjoys himself finding new ways of referring to relics (*fourmiliere*, *fariboles*, *garannes*, *marchandise*, *garniture*, *bagage*, *fatras*...).

Bossuet called Calvin's style *triste*; he has been described as austere, rigid, unflaggingly dignified. We should remember that he also was capable of low, popular, style, conversational and even, on occasion, vulgar: he opens the *Excuse* by comparing his opponents to lavatory cleaners. His popular style speaks directly to the reader: it is lively, attractive, entertaining. Some writers of the Reformation (in particular Pierre Viret, Calvin's colleague) were content with such an achievement: Viret's *Disputations chrestiennes* (1544) are consistently and impertinently funny at the expense of Rome; but that is all.

In Calvin's case, however, the colloquial and vulgar passages are not merely for entertainment. For the vulgarity and the humour, the insults and the flippancy, directed at the opponents and their ideas, are constantly placed in violent contrast with Calvin's own viewpoint, where markedly different stylistic features appear. Take the following sentence:

Voila donc la premiere espece de ceux qui se mescontentent de moy: assavoir les prescheurs, qui au lieu de s'exposer à la mort, pour relever le vray service de Dieu, en abolissant toutes idolatries, veulent faire Jesus Christ leur cuisinier, pour leur bien apprester à disner. (*Excuse*, pp. 137–8.)

The major part of the sentence, defining what good preachers should do, is couched in serious, severe language of a suitably theological character: *relever le vray service de Dieu, abolissant toutes idolatries*; the final section—what these preachers do do—lapses into the colourful colloquialisms we have been considering. The juxtaposition of the two styles enhances the contrast between the statements.

It is so throughout: Calvin exploits his conversational style not for its own sake, but in order to set off in higher relief, by the contrast, his own statements. This is another facet of the antithetical nature of his style which was mentioned earlier.

It is in the exposition of his own viewpoint that he most nearly approaches to the simplicity and directness of style which he claims as his only weapon. Where he defines his own position, he avoids the broken or unbalanced syntax, the conversational elements which characterize his treatment of his adversaries. All is simplicity, light and harmony:

Pour definir briefvement ceste utilité de la Cene, nous pouvons dire que Jesus Christ nous y est offert, afin que nous le possedions, et en luy toute plenitude des graces que nous pouvons desirer. Et qu'en cela nous avons une bonne aide pour confermer noz consciences à la Foy que nous devons avoir en luy. (*Traité de la Cène*, p. 108.)

Yet it is not merely bald statement which Calvin produces on his side of the argument. The Reformers were 'men of the Book': the source of religious authority was not, as Rome claimed, an infallible Church, but the infallible Word, contained in the Bible. Quotations from scripture were the necessary, and only, ultimate proofs of theological truth for them. The words of the Bible were consequently invested with a particular air of authority. When Calvin presents his own argument, he does so, naturally and inevitably, with an impressive array of biblical quotations; but more than that, even when he is not quoting, his arguments are couched in heavily biblical language. The biblical style lends an aura of authority to what he is saying. In the following sentence, there is no quotation as such; but each of the italicized expressions is reminiscent of a biblical phrase:

Puis que le corps d'un homme fidele est *destiné à la gloire de Dieu*, et doit estre *participant une fois de l'immortalité de son royaume*, et estre *faict conforme à celuy de nostre Seigneur Jesus*, c'est une chose trop absurde, qu'il soit abandonné à aucune pollution, comme de le prostituer devant une idole. (*Excuse*, p. 133.)

The *Traité de la Cène* contains a large number of biblical quotations used as justification for the Calvinist doctrine. But the precise source of the quotations is never given (references have been supplied in the notes for information); instead, the quotations blend naturally into the line, and the language, of Calvin's argument. In the same way, the biblical images mentioned earlier, with their aura of David's or St Paul's authority, are used to back up Calvin's argument:

> Ilz ne pensent point que ce n'est pas à moy qu'ilz ont à faire; mais que Dieu est leur partie. Or, en repliquant contre luy, il est certain qu'ilz ne font que *regimber contre l'esperon*. Que gaignent ilz donc à murmurer que je leur suis trop rude? (*Excuse*, p. 135.)

The result is that Calvin succeeds in separating off his argument from that of others. The very language and style in which he expounds his teaching identifies him with the true, infallible Gospel message. Thus he says:

> Il n'est pas icy question de leur opinion ou de la miene. Je monstre ce que j'en trouve en l'escriture...Car je ne dy rien de moy; mais je parle comme par la bouche du maistre, allegant tesmoignages expres pour approuver toute ma doctrine depuis un bout jusqu'à l'autre. (*Excuse*, p. 141.)

Others may argue their notions, he expounds the truth; others are portrayed polemically, his own statements receive all the authority of the venerable terms he is using.

Thus the simplicity Calvin claims for himself in his writing needs to be modified in view of these numerous traits which are integral to his persuasive, rhetorical effect. However, all this should not suggest that Calvin consciously invented these stylistic devices in order to achieve certain rhetorical ends. No great literature is written by the application of rules; one can only backtrack from the completed work to the factors which, combining and interacting in the writer's mind, led to it. The factors we have mentioned include his sound knowledge of the basic principles of rhetoric; the need for simplicity in writing to the public he had in mind; the particular position attributed to the Bible in his theology, and the strongly antithetical nature of his thought; other elements which might also have been alluded to include his legal training, which often influences the form of his argumentation, and his constant work as a preacher and public speaker, which may have contributed to his unusual sensitivity to speech rhythms and variations of tone and manner. Out of this seemingly disparate collection of influences were distilled the peculiar characteristics of Calvin's style—simplicity of syntax and precision of vocabulary; formal and rhythmical control of prose; flexibility of stylistic level, in particular the exploitation of contrasts between 'high' and 'low' style. These characteristics are quite out of keeping with most of the French prose written at this period; yet they are fundamental elements of what was later to become, and still is, good French style. It is this that makes Calvin an important figure in French literature.

D. INFLUENCE OF THE TREATISES

It would be unwise to claim specific influences for these particular publications. Influential they certainly were: in Calvin's lifetime, the *Traité des Reliques* went through six editions in French, and was translated into Latin, German and English; the *Traité de la Cène* had four French editions, also being translated into Latin, Italian and English. The *Excuse* saw fewer editions (three in French, and translations into Latin, Dutch and Italian); but it may in fact have had a deeper effect than the others, as we shall see.

However, the ideas put forward in the treatises are by no means only found here. Calvin provided several other expositions of his doctrine of the Communion, so that the *Traité de la Cène* is only part of his influence in this respect. As for the other pamphlets, several other writers of the French Reformation treated the same subjects. To name only one example, Pierre Viret, one of Calvin's closest collaborators, wrote several works closely allied to the *Traité des Reliques* and the *Excuse*: *De la source et de la différence et convenance de la vieille et nouvelle idolatrie, et des vrayes et fausses images et reliques* (1551); *Remonstrance aux fideles, qui conversent entre les Papistes: et principalement à ceux qui sont en court, et qui ont offices publiques, touchant les moyens qu'ilz doivent tenir en leur vocation...* (1547); *Admonition et consolation aux fideles, qui deliberent de sortir d'entre les Papistes, pour eviter idolatrie* (1547).[1]

[1] Much work remains to be done on the influence of Viret's treatises. They certainly enjoyed great popularity, and may well have had more effect than we

Thus Calvin's treatises form part of a much wider body of texts on these subjects; while they deserve to be singled out for their literary qualities a discussion of influences is a matter of tracing the subsequent course of the battle in these areas of the Reformation, rather than of making claims for individual writings.

This is particularly true of the *Traité des Reliques*. The smashing of 'idols' and the desecration of relics had been a mark of the earliest days of the Reformation; Calvin's treatise certainly breaks no new ground. Its effects were particularly devastating, however, by its factuality: consequently, unlike most pamphlets on the subject, it provoked several replies from the Catholic Church.[1]

The Council of Trent, in its XXVth Session, reaffirmed the value of relics and images as aids in the education of the faithful; but the Fathers did require stricter methods for the elimination of abuses, and for the authentication of new miracles and relics. Some highly superstitious attitudes to relics persisted, and did so into the seventeenth century and beyond;[2] but a certain critical awareness was spreading in the Roman Church. It has been said that the drop in revenues from the relics of the Three Kings in Cologne cathedral was responsible for that building remaining uncompleted until the nineteenth century.

In the wider aim of discrediting the Roman Church which lay behind the attacks on relics by the Reformers, the effects were doubtless profound, although they are unquantifiable. It may well be that Calvin's treatise on relics had much to do with the success of the Reformation among the artisan classes of the French towns, who might have been little affected by the profounder theological questions of the Reformation, but quite capable of assessing the merits of a duplicated relic.

---

yet know. See G. Busino and P. Fraenkel, 'Rediscovering the Minor Reformers: Towards a Re-appraisal of Pierre Viret?', in *Bibliothèque d'Humanisme et Renaissance*, xxiv (1962), 618.

[1] See the bibliography under Candidus and Cochlaeus. These treatises provide most entertaining examples of the specious argumentation polemists of the period could indulge in. Cochlaeus, for instance, denounces Calvin for lack of respect for the authority of the Church, for errors in logic, for insulting holy relics, and compares him to Mahomet, the Turk, Mameluke and Satan. Only at the end do we find a few embarrassed pages on reduplicated relics.

[2] See R. N. C. Hunt, *Calvin*, p. 186.

In one class, however, the peasantry, it has been suggested that the *Traité des Reliques* and its like were actually counterproductive. P. Imbart de la Tour,[1] followed by J. E. Neale and others, states that the peasants were almost entirely untouched by the Reform, and argues that this is related to the Reformers' attacks on the cult of saints and on relics. '[Le paysan] reste l'homme de la tradition.—Or cette tradition, la Réforme l'a froissée dans les fibres les plus profondes, les plus intimes de son âme: le culte des Saints et le culte des morts.' Insults such as Calvin's against St Louis, 'le bon Roy Loys' (*Rel.*, p. 71) would have profoundly offended the peasants.[2]

In so far as the *Traité de la Cène*, and Calvin's other writings on the subject, were intended to bring together the Lutheran and Zwinglian branches of the Reformation, they failed. The split remained, indeed grew wider, and has become a permanent feature of Protestantism. In 1541, Calvin's position on the Communion was probably closer to that of Luther than to that of Zwingli's Church; but in time, the situation was reversed. Despite numerous efforts, he could reach no compromise with the Lutherans.[3] On the other hand, in 1549 he and Bullinger,

[1] *Les Origines de la Réforme*, iv (Paris, 1935), 263; cf. J. E. Neale, *The Age of Catherine de Medici* (London, 1957), pp. 24–5.

[2] Although this interpretation deserves mention, it needs some qualification, since (a) the same authorities agree that the peasants were illiterate, and therefore in large measure isolated from the Reformation; (b) the claim that the peasantry was uninfluenced by the Reform is too generalized, since examples to the contrary exist in some provinces, e.g. the Cévennes; and (c) L. Romier (*Le Royaume de Catherine de Médicis*, ii (Paris, 1925), 294) attributes the attitude of the peasantry to economic far more than to religious factors. Altogether the role of the peasants in the French Reformation is a subject on which much work remains to be done.

[3] According to Christopher Pezel, a late sixteenth-century writer, in April 1545 Luther was shown, by a Wittenberg bookseller, a copy of the Latin translation of Calvin's *Traité de la Cène*. He read the first three pages and the last five, and said: 'He is certainly a learned and pious man: at the start I could have trusted him to handle the whole matter. For my part I acknowledge that if the other side had done as much, we would soon have understood each other. For if Oecolampadius and Zwingli had talked the same way at the beginning, we would never have come to such a long argument.' But it was too late; he died the following year.

There can of course be no proof of this; but the details given in Pezel's account appear accurate. See Doumergue, *Jean Calvin*, ii, 572–3.

Zwingli's successor in Zürich, signed the 'Zürich Consensus' which laid down a common statement of faith concerning the Communion acceptable to both sides. In the event, the Zwinglian Church has since more or less been absorbed into Calvinism. With the Lutherans, however, relations became steadily worse after 1549; towards the end of his life, Calvin was engaged on one of his bitterest and most violent polemical battles on this subject with Westphal, a strict Lutheran.

However, apart from the matter of reconciling other branches of the Reformation to a single confession, Calvin's work in defining the doctrine of the Lord's Supper has had a wider influence than that of his contemporaries. The fact that this treatise was early translated into other languages has already been noted, and is illustrative of the frequently mentioned international character of Calvinism. While Lutheranism and Zwinglianism spread little outside the boundaries of the nations where they originated, Calvinism was the form of Protestantism which influenced the Low Countries, Eastern Europe, Scotland, Puritan England—and hence the United States—more than any other. In this international outreach of Calvin's teachings, the *Traité de la Cène*, with its lucidity and brevity, had its part to play.

The influence of the *Excuse aux Nicodemites* may be defined with more clarity, since we have external evidence to indicate its effect. The *Histoire ecclesiastique des eglises reformees au royaume de France*... (Antwerp, 1580), says this in its treatment of the year 1545:

Il s'esmeut...lors une question entre quelques uns de qualité aians cognoissance de la verité, à Paris, à l'occasion de ce que Jean Calvin, sachant combien il y en avoit qui se flatoient en leurs infirmités, jusques à se poluer és abominations manifestes de l'Eglise Romaine, les avoit taxés en un certain escrit, trop aigrement à leur appetit. Les uns donc, qu'on appela depuis Nicodemites, maintenoient qu'on pouvoit aller à la Messe, pourveu que le cœur n'y consentist point, et avec je ne say quelles conditions. Les autres au contraire disoient qu'il faloit servir à Dieu purement de cœur et de corps et se garder de toutes polutions...Et fut cause ce different d'un tresgrand bien, plusieurs s'estans resolus de se dedier du tout à Dieu, qui s'endormoient au paravant en l'ordure.[1]

Thus, while Calvin's works were not the only ones on this subject

[1] i, 48–9. Cf. also Bèze's *Vita Calvini*, in *Opera omnia*, xxi, 138.

at the period, it is his *Excuse*, and the *Petit Traité* which preceded it, which are singled out as particularly influential. For it is in these treatises, backed up in the Latin translation *De vitandis superstitionibus* (1549) by a collection of letters from the leaders of other Reformation Churches,[1] that the fundamental reasons for a complete separation from the Roman Church are most rigidly and clearly set out.

That many were moved to take the drastic step of exile from France may be shown by a few names and figures. In the years 1545–50, among the arrivals in Geneva were Robert and Henri Estienne, two of the most eminent Parisian printers of the age; the widow of the great humanist Guillaume Budé and her three sons; and Théodore de Bèze, who was to become Calvin's successor.[2] From 1549 on, lists exist of immigrants into Geneva. The figures are impressive: in 1549, there were 81 arrivals; in 1550, 145; in 1551, 264; after a two-year interruption of the records, there were approximately 300 in each of the three years 1554–6; in 1557, there were 587.[3]

Perhaps as important in the course of history as the numbers of those who emigrated is the spirit of the *Excuse*. With this treatise Calvin finally eradicated any possibility of compromise with the Roman Church, any hope of a peaceful settlement. He thereby established the Reformed Church effectively and durably. But the intransigence of Calvin's viewpoint, matched by the equally intransigent Catholic position laid down by the Council of Trent, were the necessary and seemingly inevitable preparation for the Wars of Religion in France. It took over twenty years of bloodshed and barbarity before a highly respected Calvinist general, François de la Noue, could write, in 1587:

Puis que nous voyons maintenant le monde ainsi disposé, que non seulement dans les villes et villages, mais aussi és familles, on trouve des personnes ayans des opinions differentes, quant à la maniere de servir Dieu, ne nous en estonnons ny scandalisons point; car dès la naissance de l'Eglise Chrestienne telles diversitez ont apparu, qui se sont continuees

---

[1] Reprinted in *Opera omnia*, vi, 621–44.

[2] On Calvin's treatises and Bèze's conversion, see T. de Bèze, *Abraham sacrifiant*, ed. K. Cameron, K. M. Hall, F. Higman (Textes littéraires français 135, Geneva, 1967), pp. 14–17.

[3] Imbart de la Tour, *Les Origines de la Réforme*, iv, 435–6.

tantost couvertement, tantost ouvertement, et dureront jusqu'à la fin du monde.[1]

La Noue's Calvinism is in most respects irreproachably orthodox. The fact that he opposes the Master's teaching so radically on this point is a measure of the disastrous consequences, in terms of war and human suffering, of Calvin's rigid attitude as it is expressed in the *Excuse aux Nicodemites*.

E. THE TEXT

During Calvin's lifetime the *Traité des Reliques* had six French editions, the *Traité de la Cène* four and the *Excuse* three. Of these, the third and fourth editions of the *Traité des Reliques* were untraceable when the editors of the *Opera omnia* edition were at work in the 1860s, and they did not know of the fifth; the only surviving copy of the first edition of the *Traité de la Cène*, which was then at Zofingen, has been lost since. The *Opera omnia* editors knew of three copies of *Reliques* I, at Zürich, Hamburg and Vendôme; but of these, only the Zürich copy survives. On the other hand, *Reliques* III, not traced by the *Opera omnia* editors, has since been discovered in the library of St John's College, Cambridge. In addition, a fifth edition of the *Traité de Reliques* has come to light in the Musée historique de la Réforme, Geneva, and a third edition of the *Excuse* in the Bibliothèque de l'histoire du protestantisme français, Paris.

Of each of the extant editions, only one copy is known to exist. Details of these editions, and of their present locations, are as follows:

TRAITÉ DES RELIQUES

I. *Advertissement tresutile du grand proffit qui reviendroit à la Chrestienté, s'il se faisoit inventoire de tous les corps sainctz, et reliques, qui sont tant en Italie, qu'en France, Allemaigne, Hespaigne, et autres Royaumes et pays.* Par M. Jehan Calvin. Imprimé à Geneve, par Jehan Girard. 1543. Zentralbibliothek Zürich.

II. — (identical title-page, but adding the emblem of Girard, a hand clutching a sword, surrounded by the motto 'Non veni pacem mittere,

---

[1] *Discours politiques et militaires,* ed. F. E. Sutcliffe (Textes littéraires français 132, Geneva, 1967), pp. 99–100.

sed gladium'.) 1544. Landesbibliothek Gotha. (Closely follows *Reliques* I in layout: pagination identical.)

III. — (Identical title-page with II.) 1545. St. John's College, Cambridge. (Pagination again identical.)

V. — De l'imprimerie de François Jaquy, Antoine Davodeau et Jaques Bourgeois. N.d. Musée historique de la Réforme, Geneva. (An entirely reset edition. A manuscript note on the flyleaf by Théophile Dufour reads: '...cette édition est restée inconnue à MM. Baum, Cunitz et Reuss. On peut la dater de 1557 environ, année où les trois mêmes imprimeurs genevois donnèrent une édition de l'Institution de Calvin en italien et une autre en français.' The three printers collaborated from 1556 to 1560; in the variants I have accepted Dufour's date of 1557.)

VI. — (Emblem of an anchor clutched by two hands and surmounted by a snake, with the initials I C.) Pour Jean Crespin. Par Marmet Requen. 1563. Herzog-August-Bibliothek Wolfenbüttel. (Again entirely reset; numerous marginal notes and headings are added, and a five-page index of relics at the end.)

TRAITÉ DE LA CÈNE

II. *Petit Traicté de la saincte Cene de nostre Seigneur Jesus Christ. Auquel est demonstrée la vraye institution, profit et utilité d'icelle. Ensemble, la cause pourquoy plusieurs des Modernes semblent en avoir escrit diversement.* M. D. XLII. Landesbibliothek Gotha. (No name of author on title-page, but the short title is given on p. 1, followed by 'Par Jean Calvin'. No name of printer, but it is by Girard. Pagination is different from the first edition, which was by Michel du Bois, Geneva; details of this first edition are given in *Opera omnia*, v, 1.)

III. — (identical title-page with II, but with Girard's emblem added.) 1545. British Museum. (Pagination identical with II.)

IV. — (identical wording, but emblem of man holding leaf of palm-tree and pointing upwards, with motto 'Pressa valentior'.) 1549. Herzog-August-Bibliothek Wolfenbüttel. (Pagination identical with II and III.)

EXCUSE AUX NICODEMITES

I. *Excuse de Jehan Calvin, à Messieurs les Nicodemites, sur la complaincte qu'ilz font de sa trop grand' rigueur.* (Emblem: Girard's sword and motto.) Amos V. *Odio habuerunt corripientem in porta, et loquentem recta abominati sunt.* 1544. Zentralbibliothek Zürich.

II. (The second edition has no title-page as such, as it forms part of a larger volume entitled: *Petit Traicté monstrant que doit faire un homme fidele cognoissant la verité de l'Evangile, quand il est entre les Papistes, Avec une*

Epistre du mesme argument. Ensemble l'Excuse faicte sur cela aux Nicodemites.
Par M. J. Calvin. (Emblem of boy holding leaf of palm-tree, but without a motto.) 1551. The *Excuse* is pp. 103 ff.) Herzog-August-Bibliothek Wolfenbüttel. (An entirely reset edition; but the type is that of Girard.)

III. (Again part of a larger work, with the same title as II but without name of author. Instead a biblical text: I. Roys XVIII. *Jusques à quand clocherez vous à deux costez? Si le Seigneur est Dieu, suyvez-le, ou si c'est Baal, suyvez-le.* The *Excuse* is pp. 81 ff.) Par Jean Bonne-foy. M. D. LVIII. Bibliothèque de l'histoire du protestantisme français, Paris. (Another entirely reset edition.)[1]

These have all been consulted in the preparation of the present edition. In the case of the *Traité des Reliques* and the *Excuse*, such variants as there are do not suggest intervention in the later editions by Calvin; consequently, the first editions have been used as a basis. In the *Traité de la Cène*, however, the second edition shows more marked departures from the text of the first (as given in the *Opera omnia*). Add to this the fact that Calvin was not in Geneva when the first edition was printed there in 1541 (so could not see it through the press), but had arrived in the city before the second edition of 1542, and it may reasonably be concluded that he was responsible for the textual revision of the second edition. Thus in this case, the second edition forms the base; variants from the first edition (taken from the *Opera omnia* text) are given in footnotes.

Some variants from editions later than the base text have also been noted. Purely orthographical variants have been omitted; but where a grammatical or lexical change is concerned, these have been included, even though they are probably not the work of Calvin. They serve as a useful illustration of the continuous process of linguistic revision taking place in the sixteenth century; it may be added that they also suggest the considerable part played by printers in the evolution of the language in the period.

In the present edition, the orthography of the base text has been respected throughout (except for obvious misprints); but, as is usual, *i* and *j*, *u* and *v* have been given their modern functions. As regards accents, *à* and *a*, *là* and *la*, *où* and *ou* have been systemati-

[1] Fuller bibliographical details are given in the *Prolegomena* to *Opera omnia*, vols. v and vi.

cally differentiated for the sake of clarity. In common with normal editorial practice, the punctuation has been modernized, since in the period this was normally left to the printer, and the results, far from clarifying the text, were often so erratic as to be positively perverse.

BIBLIOGRAPHY

BARCLAY, A., *The Protestant Doctrine of the Lord's Supper: A Study of the Eucharistic Teaching of Luther, Zwingli and Calvin* (Glasgow, 1927).

BLOCH, O., and WARTBURG, W. VON, *Dictionnaire étymologique de la langue française*, 3rd edit. (Paris, 1960).

BRUNOT, F., *Histoire de la langue française*, ii, *Le Seizième Siècle*, 3rd edit. (Paris, 1947).

CADIER, J., *Calvin, l'homme que Dieu a dompté* (Geneva, 1958).

CALVIN, J., *Institution de la religion chrestienne*, ed. J.-D. Benoît, 5 vols. (Paris, 1957–63).

—, *Opera quae supersunt omnia*, ed. Baum, Cunitz, Reuss, 59 vols. (Brunswick, 1863–1900).

—, *Traité des Reliques, suivi de l'Excuse à Messieurs les Nicodemites*, ed. A. Autin (Paris, 1921).

—, *Trois traités*, ed. A.-M. Schmidt (Paris, 1934).

CANDIDUS, A., *Iudicium I. Calvini de sanctorum reliquiis collatum cum orthodoxorum sanctae ecclesiae Patrum sententia* (Cologne, 1551).

[CICERO,] *Rhetorica ad Herennium*, Loeb Classical Library (London, 1954).

COCHLAEUS, J. (Dobneck), *De sacris reliquiis Christi et sanctorum eius Brevis contra I. Calvini calumnias et blasphemias Responsio* (Mainz, 1549).

COLLIN DE PLANCY, J.-A.-S., *Dictionnaire critique des reliques et des images miraculeuses*, 3 vols. (Paris, 1821–2).

DAVIES, R. E., *The Problem of Authority in the Continental Reformers* (London, 1946).

DICKENS, A. G., *Reformation and Society in Sixteenth-century Europe* (London, 1966).

Dictionnaire d'archéologie chrétienne et de liturgie, ed. F. Cabrol and H. Leclercq, 15 vols. (Paris, 1924–51).

DOUMERGUE, E., *Jean Calvin: les hommes et les choses de son temps*, 7 vols. (Lausanne, 1899–1927).

ERICHSON, A., *Bibliographia Calviniana* (Berlin, 1900).

FEBVRE, L., *Le Problème de l'incroyance au seizième siècle: La Religion de Rabelais* (Paris, 1962).

GANOCZY, A., *Le Jeune Calvin, genèse et évolution de sa vocation réformatrice* (Wiesbaden, 1966).

GOUGENHEIM, G., *Grammaire de la langue française du seizième siècle* (Lyon & Paris, 1951).

HARBISON, E. HARRIS, *The Age of Reformation* (Cornell, 1965).

HIGMAN, F. M., *The Style of John Calvin in his French Polemical Treatises* (Oxford, 1967).

HOUTIN, A., *La Controverse de l'apostolicité des Églises de France, au XIXᵉ siècle*, 3rd edit. (Paris, 1903).

HUGUET, E., *Dictionnaire de la langue française du seizième siècle*, 7 vols. (Paris, 1925–67).

—, *Étude sur la syntaxe de Rabelais comparée à celle des autres prosateurs de 1450 à 1550* (Paris, 1894).

—, *Le Langage figuré au seizième siècle* (Paris, 1933).

HUNT, R. N. C., *Calvin* (London, 1935).

IMBART DE LA TOUR, P., *Les Origines de la Réforme*, 4 vols. (Paris, 1905–35).

LEFRANC, A., 'Le Traité des reliques de Guibert de Nogent, et les commencements de la critique historique au moyen âge', in *Études d'histoire du moyen âge, dédiées à Gabriel Monod* (Paris, 1896), pp. 285–306.

McDONNELL, K., *John Calvin, the Church, and the Eucharist* (Princeton, 1967).

NEALE, J. E., *The Age of Catherine de Medici*, 2nd edit. (London, 1957).

NIESEL, W., *Calvin-Bibliographie 1901–1959* (Munich, 1961).

—, *Die Theologie Calvins* (Munich, 1938); English trans. H. Knight (London, 1956).

Patrologiae Cursus completus, ed. J.-P. Migne: *Patrologia graeca*, 161 vols. (1857–96); *Patrologia latina*, 221 vols. (1844–1903).

RILLIET, J., *Calvin 1509–1564* (Paris, 1963).

TILLEY, A., *The Literature of the French Renaissance*, 2 vols. (Cambridge, 1904).

VIRET, P., *Admonition et consolation aux fideles, qui deliberent de sortir d'entre les Papistes, pour eviter idolatrie, contre les tentations qui leur peuvent advenir, et les dangiers ausquelz ilz peuvent tomber, en leur yssue* (Geneva, 1547).

WALKER, W., *John Calvin: The Organizer of Reformed Protestantism* (New York, 1906).

WALLACE, R. S., *Calvin's Doctrine of the Word and Sacrament* (Edinburgh and London, 1953).

WENDEL, F., *Calvin, sources et évolution de sa pensée religieuse* (Paris, 1950).

ZWEIG, S., *Castellio gegen Calvin oder ein Gewissen gegen die Gewalt* (Vienna, 1936).

ADVERTISSEMENT TRESUTILE

DU GRAND PROFFIT QUI REVIENDROIT
À LA CHRESTIENTÉ

s'il se faisoit inventoire
de tous les corps sainctz, et reliques,
qui sont tant en Italie,
qu'en France, Allemaigne, Hespaigne, et autres
Royaumes et Pays.

1543

Sainct Augustin, au livre qu'il a intitulé du labeur des Moynes, se complaignant d'aucuns porteurs de rogatons, qui desja de son temps exerceoyent foyre villaine et deshonneste, portans çà et là des reliques de Martyrs, adjouste: Voyre si ce sont reliques de Martyrs. Par lequel mot, il signifie que dez lors il se commettoit de l'abuz et tromperie, en faisant à croyre au simple peuple que des os recueilliz çà et là estoyent os de sainctz. Puis que l'origine de cest abuz est si ancienne, il ne faut doubter qu'il n'ayt bien esté multiplié cependant par si long temps: mesmes veu que le monde s'est merveilleusement corrompu depuis ce temps là, et qu'il est decliné tousjours en empirant, jusques à ce qu'il est venu en l'extremité où nous le voyons.

Or, le premier vice, et comme la racine du mal, a esté, qu'au lieu de chercher Jesus Christ en sa Parolle, en ses Sacremens, et en ses graces spirituelles, le monde, selon sa coustume, s'est amusé à ses robbes, chemises, et drappeaux; et en ce faisant a laissé le principal, pour suyvre l'accessoire. Semblablement a-il faict des Apostres, Martyrs, et autres sainctz. Car au lieu de mediter leur vie, pour suyvre leur exemple, il a mis toute son estude à contempler et tenir comme en thresor leurs os, chemises, ceinctures, bonnetz, et semblables fatras.

Je scay bien que cela a quelque espece et couleur de bonne devotion et zele, quand on allegue qu'on garde les reliques de Jesus Christ pour l'honneur qu'on luy porte, et pour en avoir meilleure memoyre, et pareillement des Sainctz; mais il falloit considerer ce que dit sainct Paul, que tout service de Dieu inventé en la teste de l'homme, quelque apparence de sagesse qu'il ait, n'est que vanité et follie, s'il n'a meilleur fondement et plus certain, que nostre semblant. Outre plus, il falloit contrepeser le proffit qui en peut venir, avec le dangier; et en ce faisant, il se fust trouvé que c'estoit une chose bien peu utile, ou du tout superflue et frivole, que d'avoir ainsi des reliquaires; au contraire, qu'il est bien difficile, ou du tout impossible, que de là on ne decline, petit à

32 reliquiaires] 1544 ff. reliquaires.

petit, à idolatrie. Car on ne se peut tenir de les regarder et manier,
sans les honnorer; et en les honnorant, il n'y a nulle mesure que
incontinent on ne leur attribue l'honneur qui estoit deu à Jesus
Christ. Ainsi, pour dire en brief ce qui en est, la convoitise d'avoir
5 des reliques n'est quasi jamais sans superstition; et, qui pis est,
elle est mere d'idolatrie, laquelle est ordinairement conjoincte
avec.

Chascun confesse que ce qui a esmeu nostre Seigneur à cacher
le corps de Moyse, a esté de peur que le peuple d'Israel n'en
10 abbusast en l'adorant. Or il convient estendre ce qui a esté faict en
un sainct à tous les autres, veu que c'est une mesme raison. Mais
encore que nous laissions là les sainctz, advisons que dit sainct
Paul de Jesus Christ mesmes. Car il proteste de ne le congnoistre
plus selon la chair, apres sa resurrection; admonestant par ces
15 motz, que tout ce qui est charnel en Jesus Christ se doit oublier et
mettre en arriere, afin d'employer et mettre toute nostre affection
à le cercher et posseder selon l'Esprit. Maintenant donc, de
pretendre que c'est une belle chose d'avoir quelque memorial,
tant de luy que des sainctz, pour nous inciter à devotion: qu'est-ce
20 sinon une faulse couverture pour farder nostre folle cupidité, qui
n'est fondée en nulle raison? Et mesmes quand il sembleroit advis
que ceste raison feust suffisante: puis qu'elle repugne apertement à
ce que le S. Esprit a prononcé par la bouche de sainct Paul, que
voulons nous plus?

25 Combien qu'il n'est ja mestier de faire longue dispute sus ce
poinct, assavoir s'il est bon ou mauvais d'avoir des reliques, pour
les garder seulement comme choses pretieuses sans les adorer. Car
ainsi que nous avons dict, l'experience monstre que l'un n'est
presques jamais sans l'autre. Il est bien vray que sainct Ambroise,
30 parlant d'Heleine mere de Constantin, Empereur, laquelle avecques grand peine et gros despens chercha la croix de nostre
Seigneur, dit qu'elle n'adora sinon le Seigneur qui y avoit
pendu, et non pas le bois. Mais c'est une chose bien rare, d'avoir
le cueur addonné à quelques reliques que ce soit, qu'on ne se
35 contamine et pollue quant et quant de quelque superstition. Je
confesse qu'on ne vient pas du premier coup à idolatrie manifeste;

13 mesmes] 1544 ff. mesme.
21 mesmes] 1557 f. mesme.
25 sus] 1545 ff. sur.

mais petit à petit on vient d'un abus à l'autre, jusque à ce qu'on tresbuche en l'extremité. Tant y a que le peuple qui se dict Chrestien en est venu jusques là, qu'il a pleinement idolatré en cest endroit, autant que feirent jamais payens. Car on s'est prosterné et agenouillé devant les reliques, tout ainsi que devant 5 Dieu; on leur a allumé torches et chandelles en signe d'hommage; on y a mis sa fiance, on a là eu son recours, comme si la vertu et la grace de Dieu y eust esté enclose. Si l'idolatrie n'est sinon transferer l'honneur de Dieu ailleurs, nyerons nous que cela ne soit idolatrie? Et ne faut excuser que ce a esté un zele desordonné de quelques 10 rudes et ydiotz, ou des simples femmes. Car ce a esté un desordre general, approuvé de ceux qui avoyent le gouvernement et conduicte de l'eglise. Et mesmes on a colloqué les os des morts, et toutes autres reliques sus le grand autel, au lieu le plus haut et le plus eminent, pour les faire adorer plus autentiquement. Voila 15 donc comme la folle curiosité qu'on a eu du commencement à faire tresor de reliques, est venue en ceste abomination toute ouverte, que non seulement on s'est detourné du tout de Dieu, pour s'amuser à choses corruptibles et vaines; mais que, par sacrilege execrable, on a adoré les creatures mortes et insensibles, 20 au lieu du seul Dieu vivant.

Or, comme un mal n'est jamais seul, qu'il n'en attire un autre: ceste malleureté est survenue depuis, qu'on a receu pour reliques, tant de Jesus Christ que de ses sainctz, je ne say quelles ordures, où il n'y a ne raison ne propos; et que le monde a esté si aveuglé, que 25 quelque tiltre qu'on imposast à chascun fatras qu'on luy presen-toit, il l'a receu sans jugement n'inquisition aucune. Ainsi quelque os d'asne ou de chien que le premier moqueur ait voulu mettre en avant pour os de martyr, on n'a point faict difficulté de le recevoir bien devotement. Autant en a il esté de tout le reste; 30 comme il sera traicté cy apres. De ma part, je ne doubte pas que ce n'ayt esté une juste punition de Dieu. Car puis que le monde estoit enraigé apres les reliques, pour en abuser en superstition perverse, c'estoit bien raison que DIEU permist que apres un mensonge un autre surveinst. C'est ainsi qu'il a accoustumé de se 35

11 des simples femmes] 1557 f. de simples femmes.
14 sus] 1545 ff. sur.
25 ne raison ne propos] 1557 f. raison ne propos.   aveuglé] 1557 f. aveugle.
27 n'inquisition] 1557 f. ni inquisition.

venger du deshonneur qui est faict à son Nom, quand on transporte
sa gloire ailleurs. Pourtant, ce qu'il y a tant de faulses reliques et
controuvées par tout, cela n'est venu d'autre cause, sinon que
Dieu a permis que le monde feust doublement trompé et deceu,
5 puis qu'il aymoit tromperie et mensonge. C'estoit l'office des
Chrestiens, de laisser les corps des saincts en leur sepulchre, pour
obeir à ceste sentence universelle, que tout homme est pouldre, et
retournera en pouldre; non pas de les eslever en pompe et
sumptuosité, pour faire une resurrection devant le temps. Cela n'a
10 pas esté entendu, mais au contraire, contre l'ordonnance de DIEU,
on a deterré les corps des fideles pour les magnifier en gloire, au
lieu qu'ilz devoyent estre en leur couche et lieu de repos, en
attendant le dernier jour. On a appeté de les avoir, et a on là
mis sa fiance; on les a adorez; on leur a faict tous signes de reverence.
15 Et qu'en est il advenu? Le Diable, voyant telle stupidité, ne s'est
point tenu content d'avoir deceu le monde en une sorte; mais a
mis en avant ceste autre deception, de donner tiltre de reliques de
sainctz à ce qui estoit du tout prophane. Et Dieu par sa vengeance
a osté sens et esprit aux incredules; tellement que, sans enquerir
20 plus outre, ilz ont accepté tout ce qu'on leur presentoit, sans
distinguer entre le blanc ou le noir.

Or pour le present, mon intention n'est pas de traicter quelle
abomination c'est d'abuser des reliques, tant de nostre Seigneur
Jesus que des sainctz, en telle sorte qu'on a faict jusqu'à ceste
25 heure, et comme on faict en la plus part de la chrestienté. Car
il faudroit un livre propre pour desduire ceste matiere. Mais
pource que c'est une chose notoire, que la plus part des reliques
qu'on monstre par tout sont faulses, et ont esté mises en avant par
moqueurs, qui ont impudemment abusé le pouvre monde: je me
30 suis advisé d'en dire quelque chose, afin de donner occasion à un
chascun d'y penser et y prendre garde. Car quelques foys nous
approuvons une chose à l'estourdie, d'autant que nostre esprit est
preoccupé; tellement que nous ne prenons le loysir d'examiner ce
qui en est, pour assoir bon et droit jugement. Et ainsi nous faillons
35 par faute d'advis. Mais quand on nous advertit, nous commençons

17–18 tiltre de reliques de sainctz] 1563 titres de Reliques des Sainctz.
29 moqueurs] 1557 f. moqueries.
31 et y prendre garde] 1544 ff. et prendre garde.   quelques foys] 1563 quelquefois.

à y penser; et sommes tous esbahis, comme nous avons esté si faciles et legiers à croire ce qui n'estoit nullement probable. Ainsi en est il advenu en cest endroit. Car par faute d'advertissement, chascun estant preoccupé de ce qu'il oyt dire: Voila le corps d'un tel sainct, voila ses soliers, voila ses chausses: se laisse persuader qu'ainsi est. Mais quand j'auray remonstré evidamment la fraude qui s'y commet, quiconque aura un petit de prudence et raison, ouvrira lors les yeux, et se mettra à considerer ce que jamais ne luy estoit venu en pensée.

Combien que je ne puis pas faire en ce livret ce que je voudroys bien. Car il seroit besoing d'avoir registres de toutes pars, pour savoir quelles reliques on dit qu'il y a en chascun lieu, afin d'en faire comparaison. Et lors on congnoistroit que chascun Apostre auroit plus de quatre corps; et chascun Sainct pour le moins deux ou trois. Autant en seroit-il de tout le reste. Brief, quand on auroit amassé un tel monceau, il n'y auroit celuy qui ne fust estonné, voyant la moquerie tant sotte et lourde, laquelle neantmoins a peu aveugler toute la terre. Je pensoys que, puis qu'il n'y a si petite eglise cathedrale qui n'ayt comme une fourmillere d'ossemens, et autres telz menus fatras, que seroit-ce si on assembloit toute la multitude de deux ou trois mille Eveschez, de vingt ou trente mille Abbayes, de plus de quarante mille Couventz, de tant d'eglises parochialles et de chappelles? Mais encore le principal seroit de les visiter, et non pas nommer seulement. Car on ne les congnoist point toutes à nommer. En ceste ville on avoit, ce disoit-on, le temps passé, un bras de sainct Anthoine; quand il estoit enchassé, on le baisoit et adoroit; quand on le mist en avant, on trouva que c'estoit le membre d'un cerf. Il y avoit au grand autel de la cervelle de sainct Pierre. Pendant qu'elle estoit enchassée, on n'en faisoit nulle doubte. Car ce eust esté un blaspheme, de ne s'en fier au billet. Mais quand on esplucha le nid, et on y regarda de plus pres, on trouva que c'estoit une pierre d'esponge. Je pourroys reciter beaucoup de semblables exemples, mais ceux cy suffiront pour donner à entendre combien on descouvriroit d'ordure, si on

1 tous] 1557 f. tout.   comme] 1545 ff. comment.
8 ce que jamais] 1557 f. ce qui jamais.
16 auroit amassé un tel monceau] 1557 f. auroit tout amassé en un monceau.
22 Couventz] 1557 f. convents.
32 pierre d'esponge] 1557 f. pierre de ponce.

faisoit une foys une bonne visitation universelle de toutes les
reliques d'Europe. Voire avec prudence, pour savoir discerner.
Car plusieurs, en regardant un reliquiaire, ferment les yeux par
superstition, afin, en voyant, de ne veoir goutte: c'est à dire qu'ilz
5 n'osent pas jecter l'œil à bon escient, pour considerer ce que c'est.
Ainsi que plusieurs, qui se vantent d'avoir veu le corps de S.
Claude tout entier, ou d'un autre sainct, n'ont jamais eu ceste
hardiesse de lever la veuë pour regarder que c'estoit. Mais celuy
qui auroit la liberté de veoir le secret, et l'audace d'en user, en
10 sauroit bien à dire autrement. Autant en est-il de la teste de la
Magdelaine qu'on monstre pres de Marseille, avec le morceau de
paste, ou de cire, attaché sur l'œil. On en faict un thresor, comme
si c'estoit un dieu descendu du ciel; mais si on en faisoit l'examen,
on trouveroit clairement la fourbe.

15 Ce seroit donc une chose à desirer, que d'avoir certitude de
toutes les fariboles qu'on tient çà et là pour reliques; ou bien, au
moins, d'en avoir un registre et denombrement, pour monstrer
combien il y en a de faulses. Mais puis qu'il n'est possible de ce
faire, je souhaitteroye d'avoir seulement l'inventoire de dix ou
20 douze villes, comme de Paris, Tholouse, Reins, et Poytiers. Quand
je n'aurois que cela, si verroit-on encore de merveilleuses garannes; ou, pour le moins, ce seroit une boutique bien confuse. Et
est un souhait que j'ay accoustumé de faire souvent, que de
pouvoir recouvrer un tel repertoire. Toutesfoys, pource que cela
25 me seroit aussi par trop difficile; j'ay pensé à la fin qu'il vailloit
mieux donner ce petit advertissement qui s'ensuyt; afin de
resveiller ceux qui dorment, et les faire penser, que ce peut estre
du total, quand en une bien petite portion il se trouve tant à
redire. J'entendz, quand on aura trouvé tant de mensonge en ce
30 que je nommeray de reliquiaire, qui n'est pas à peu pres la
millesiesme partie de ce qui s'en monstre: que pourra-on estimer
du reste? D'avantage, s'il appert que celles qu'on a tenues pour les
plus certaines ayent esté frauduleusement controuvées: que
pourra-on penser des plus doubteuses?

35 Et pleust à DIEU que les Princes Chrestiens pensassent un

3 reliquiaire] 1544 ff. reliquiaire.
25 par trop difficile] 1557 f. trop difficile.   vailloit] 1544 ff. valloit.
30 de reliquiaire] 1544, 1545 de reliquiaires; 1557 f. des reliquaires.
31 millesiesme] 1545 ff. milliesme.

petit à cela. Car leur office seroit de ne permettre point leurs povres subjectz estre ainsi seduictz, non seulement par faulse doctrine, mais visiblement, en leur faisant à croyre que vessies de belier sont lanternes, comme dit le proverbe. Car ilz auront à rendre compte à Dieu de leur dissimulation, s'ilz se taisent en le voyant, et leur sera une faute bien chierement vendue, que d'avoir permis qu'on se moquast de DIEU, où ilz y pouvoyent donner remede. Quoy qu'il soit, j'espere que ce petit traicté servira à tous, donnant occasion à un chascun de penser en son endroit à ce que le tiltre porte. C'est que si on avoit un rolle de toutes les reliques du monde, qu'on verroit clairement combien on auroit esté aveuglé par cy devant, et quelles tenebres et stupidité il y auroit eu par toute la terre.

Commençons donc par Jesus Christ; duquel, pource qu'on ne pouvoit dire qu'on eust le corps naturel (car du corps miraculeux ilz ont bien trouvé la façon de le forger, voire en tel nombre, et toutes et quantes foys que bon leur sembleroit), on a amassé au lieu mille autres fatras, pour supplier ce deffaut. Combien encore qu'on n'a point laissé eschapper le corps de Jesus Christ sans en retenir quelque loppin. Car outre les dens et les cheveux, l'Abbaye de Charroux, au diocese de Poytiers, se vante d'avoir le Prepuce; c'est à dire, la peau qui luy fut couppée à la Circoncision. Je vous prie, dont est-ce leur est venue ceste peau? L'Evangeliste sainct Luc recite bien que nostre Seigneur Jesus a esté circonciz; mais que la peau ayt esté serrée, pour la reserver en relique, il n'en faict point de mention. Toutes les histoires anciennes n'en disent mot. Et par l'espace de cinq cens ans il n'en a jamais esté parlé en l'Eglise Chrestienne. Où est-ce donc qu'elle estoit cachée, pour la retrouver si soudainement? D'avantage, comment eust elle vollé jusque à Charroux? Mais, pour l'approuver, ilz disent qu'il en est tombé quelques gouttes de sang. Cela est leur dire, qui auroit mestier de probation. Parquoy on veoit bien que ce n'est qu'une moquerie. Toutesfoys, encore que nous leur concedions que la peau qui fut couppée à Jesus Christ ayt esté gardée, et qu'elle puisse estre ou là, ou ailleurs: que dirons nous du Prepuce

7 où ilz y pouvoyent] 1557 f. où ils pouvoyent.
8 Quoy qu'il soit] 1557 f. Quoy qu'il en soit.
12 aveuglé] 1545 aveugle.
18 supplier] 1557 f. suppleer.

qui se monstre à Rome à S. Jehan de Latran? Il est certain que jamais il n'y en a eu qu'un. Il ne peut donc estre à Rome et à Charroux tout ensemble. Ainsi, voylà une faulseté toute manifeste.

Il y a puis apres le sang, duquel il y a eu grans combats. Car
5 plusieurs ont volu dire qu'il ne se trouvoit point de sang de Jesus Christ, sinon miraculeux. Neantmoins il s'en monstre de naturel en plus de cent lieux. En un lieu quelques gouttes, comme à la Rochelle en Poictou, que recueilla Nicodeme en son gand, comme ilz disent. En d'autres lieux, des fioles pleines, comme à Mantouë,
10 et ailleurs. En d'autres, à pleins gobeletz, comme à Rome, à S. Eustace. Mesme on ne s'est pas contenté d'avoir du sang simple; mais il l'a fallu avoir meslé avec l'eaue, comme il saillit de son costé quand il fut percé en la croix. Ceste marchandise se trouve en l'eglise de sainct Jehan de Latran à Rome. Je laisse le jugement
15 à chascun, quelle certitude on en peut avoir. Et mesmes, si ce n'est pas mensonge evident, de dire que le sang de Jesus Christ ayt esté trouvé sept ou huyt cens ans apres sa mort, pour en espandre par tout le monde; veu qu'en l'Eglise ancienne jamais n'en a esté mention.

20 Il y a puis apres ce qui a touché au corps de nostre Seigneur; ou bien tout ce qu'ilz ont peu ramasser, pour faire reliques en sa memoire, au lieu de son corps. Premierement, la creche en laquelle il fut posé à sa nativité, se monstre à Rome en l'eglise nostre Dame la majeur. Là mesme, en l'eglise S. Paul, le drappeau
25 dont il fut enveloppé; combien qu'il y en a quelque lambeau à sainct Salvador en Hespaigne. Son berceau est aussi bien à Rome, avec la chemise que luy feit la vierge Marie sa mere. Item, en l'eglise sainct Jaques à Rome, on monstre l'autel sur lequel il fut posé au Temple à sa presentation. Comme s'il y eust eu lors plusieurs
30 autelz, ainsi qu'on en faict à la Papaulté, tant qu'on veut. Ainsi en cela ilz mentent sans couleur. Voylà ce qu'ilz ont pour le temps de son enfance. Il n'est ja mestier de disputer beaucoup, où c'est qu'ilz ont trouvé tout ce bagage, si long temps depuis la mort de

5 de sang] 1557 f. du sang.
8 recueilla] 1557 f. recueillit.
18–19 esté mention] 1557 f. esté faicte mention.
20 a touché] 1557 f. attouche.
31–2 ce qu'ilz ont pour le temps de son enfance] 1557 f. ce qu'ils ont eu pour le temps de l'enfance de Jesus Christ.

Jesus Christ. Car il n'y a nul de si petit jugement, qui ne voye la follie. Par toute l'histoire Evangelique il n'y a pas un seul mot de ces choses. Du temps des Apostres jamais on n'en ouyt parler. Environ cinquante ans apres la mort de Jesus Christ, Jerusalem fut sacagée et destruicte. Tant de Docteurs anciens ont escrit 5 depuis, faisant mention des choses qui estoyent de leur temps, mesme de la croix et des cloux que Heleine trouva. De tout ce menu fatras, ilz n'en sonnent mot. Qui plus est, du temps de sainct Gregoire, il n'est point question qu'il y eust rien de tout cela à Rome, comme on voit par ses escritz. Apres la mort duquel Rome 10 a esté plusieurs foys prinse, pillée, et quasi du tout ruynée. Quand tout cela sera consideré, que sauroit on dire autre chose, sinon que tout cela a esté controuvé, pour abuser le simple peuple? Et de faict, les Caffars, tant Prestres que Moynes, confessent bien que ainsi est, en les appellant, Pias fraudes; c'est à dire, des 15 tromperies honnestes, pour esmouvoir le peuple à devotion.

Il y a puis apres les reliques qui appartiennent au temps entre l'enfance de Jesus Christ, jusque à sa mort. Entre lesquelles est la coulomne, où il estoit appuyé en disputant au Temple, avec unze autres semblables du Temple Salomon. Je demande, qui c'est qui 20 leur a revelé que Jesus Christ fust appuyé sur une coulomne? Car l'Evangeliste n'en parle point, en racomptant l'histoire de ceste dispute. Et n'est pas vray-semblable qu'on luy donnast lieu comme à un prescheur; veu qu'il n'estoit pas en estime ne auctorité, ainsi qu'il appert. Outre-plus, je demande, encore qu'il fust appuyé sur 25 une coulomne, comment est-ce qu'ilz savent que ce fust ceste là? Tiercement, dont est-ce qu'ilz ont eu ces douze coulomnes, qu'ilz disent estre du Temple de Salomon? Il y a puis apres les cruches, où estoit l'eaue que Jesus Christ changea en vin aux nopces en Canna de Galilée, lesquelles ilz appellent hydries. Je voudroys 30 bien savoir, qui en a esté le gardien par si long temps, pour les distribuer? Car il nous faut tousjours noter cela, qu'elles ont esté trouvées seulement huyt cens ans, ou mille, apres que le miracle a

6 faisant] 1545 ff. faisans.   8 sonnent] 1557 f. disent.
17-18 au temps entre l'enfance de...] 1557 f. au temps qui est depuis l'enfance de...
20 du Temple Salomon] 1557 f. du Temple de Salomon.
21 fust] 1545, 1563 fut.
24 estime ne auctorité] 1557 f. estime, ny en authorité.
27 dont] 1557 f. d'où.

esté faict. Je ne sçay point tous les lieux où on les monstre. Je scay bien qu'il y en a à Pise, à Ravenne, à Cluny, à Angiers, à sainct Salvador en Hespaigne. Mais sans en faire plus long propos, il est facile par la veuë seule de les convaincre de mensonge. Car

5 les unes ne tiennent point plus de cinq quartes de vin, tout au plus haut, les autres encore moins; et les autres tiennent environ un muys. Qu'on accorde ces fleuttes si on peut; et lors je leur laisseray leurs hydries, sans leur en faire controversie. Mais ilz n'ont pas esté contens seulement du vaisseau, s'ilz n'en avoyent quant et

10 quant le brevage. Car à Orleans ilz se disent avoir du vin, lequel ilz nomment de l'Architriclin. Car pource que S. Jehan, recitant le miracle, parle de l'Architriclin, qui est à dire maistre d'hostel; il leur a semblé advis que c'estoit le nom propre de l'espousé; et entretiennent le peuple en ceste bestise. Une foys l'an, ilz font

15 lescher le bout d'une petite coulliere à ceux qui leur veulent apporter leur offrande, leur disant qu'ilz leur donnent à boire du vin que nostre Seigneur feit au banquet. Et jamais la quantité ne s'en diminue, moyennant qu'on remplisse bien le gobbelet. Je ne say de quelle grandeur sont ses soliers, qu'on dit estre à Rome au

20 lieu nommé sancta sanctorum; et s'il les a portez en son enfance, ou estant desja homme. Et quand tout est dit, autant vaut l'un que l'autre. Car ce que j'ay desja dit monstre suffisamment quelle impudence c'est de produire maintenant les souliers de Jesus Christ, que les Apostres mesmes n'ont point eu de leur temps.

25 Venons à ce qui appartient à la Cene derniere que Jesus Christ fit avec ses Apostres. La table en est à Rome, à sainct Jehan de latran. Il y en a du pain à sainct Salvador en Hespaigne. Le couteau dont fut couppé l'agneau Pascal est à Trier. Notés que Jesus CHRIST estoit en un lieu emprunté quand il feit sa Cene.

30 En partant de là, il laissa la table; nous ne lisons point que jamais elle ayt esté retirée par les Apostres. Jerusalem quelque temps apres fut destruite, comme nous avons dict. Quelle apparence y a il d'avoir trouvé ceste table sept ou huit cens ans apres? D'avantage, la forme des tables estoit lors toute autre qu'elle n'est maintenant.

35 Car on estoit couché au repas, et non pas assis, ce qui est expresse-

---

11 pource que S. Jehan] 1557 f. pource que l'Evangeliste sainct Jean.
13 espousé] 1544, 1545 espouse; 1557 f. espoux.
16 disant] 1545 ff. disans.
26 La table en est] 1557 f. La table est.

ment dit en l'Evangile. Le mensonge donc est trop patent. Et que
faut il plus? La couppe où il donna le Sacrement de son sang à
boire à ses Apostres se monstre à nostre dame de lisle pres lion, et
en albegeois en certain couvent d'augustins. Auquel croira on?
Encores est-ce pis du plat où fut mis l'agneau Pascal. Car il est à 5
Rome, à Genes, et en Arles. Il faut dire que la coustume de ce
temps là estoit diverse de la nostre. Car au lieu qu'on change
maintenant de metz, pour un seul metz on changeroit de plat.
Voire si on veut adjouster foy à ces sainctes reliques. Voudroit on
une fauseté plus patente? Autant en est il du linceul duquel Jesus 10
Christ torcha les piedz de ses Apostres, apres les avoir lavez. Il y
en a un à Rome à S. Jehan de Latran, un autre à Aix en Allemaigne, à Saint Corneille, avec le signe du pied de Judas. Il faut
bien que l'un ou l'autre soit faux. Qu'en jugerons nous donc?
Laissons les debatre l'un contre l'autre, jusques à ce que l'une des 15
parties ayt verifié son cas. Cependant, estimons que ce n'est que
tromperie, de vouloir faire à croire que le drap que Jesus Christ
laissa au lougis où il feit sa Cene, cinq ou six cens ans apres la
destruction de Jerusalem, soit vollé, ou en Italie, ou en Allemaigne.
J'avoys oblyé le pain, dont miraculeusement furent repeuz les 20
cinq mil hommes au Desert; duquel on en monstre une piece à
Rome, en l'eglise nostre dame la neufve; et quelque petit à sainct
Salvador en Espaigne. Il est dit en l'Escriture, qu'il y eut quelque
portion de manne reservée pour souvenance que Dieu avoit
nourry miraculeusement le peuple d'Israel au Desert. Mais des 25
reliefz qui demeurerent des cinq pains, l'Evangile ne dit point
qu'il en fut rien reservé à telle fin; et n'y a nulle histoire ancienne
qui en parle, ne aucun docteur de l'eglise. Il est donc facile de
juger qu'on a pestry depuis ce qu'on en monstre maintenant.
Autant en faut il juger du rameau qui est à sainct Salvador en 30
Espaigne. Car ilz disent que c'est celuy que tenoit Jesus Christ
quand il entra en Jerusalem le jour de pasques flouries. Or
l'Evangile ne dit pas qu'il en tint. C'est donc une chose controuvée.

3 nostre dame de lisle pres lion] 1544, 1545 nostre dame de l'Isle pres Lyon;
    1557 f. nostre Dame de lIsle pres de Lyon.
4 couvent] 1557 f. convent.
8 metz] 1544 met; 1545 metz; 1557 f. mets.
21 mil] 1557 f. mille.
25–6 des reliefz] 1563 les reliefs.
27 fut] 1557 f. fust.

Finalement il faut mettre en ce reng une autre relique qui se monstre là mesme. C'est de la terre, où Jesus Christ avoit les piedz assis quand il ressuscita le Lazare. Je vous prie, qui est-ce qui avoit si bien marqué la place, que apres la destruction de
5 Jerusalem, que tout estoit changé au pays de Judée, on ayt peu adresser au lieu où JESUS Christ avoit une foys marché?

Il est temps de venir aux principales reliques de nostre Seigneur. Ce sont celles qui appartiennent à sa mort et passion. Et premierement nous faut dire de sa croix, en laquelle il fut pendu. Je say
10 qu'on tient pour certain qu'elle fut trouvée d'Heleine, mere de Constantin, Empereur Romain. Je say aussi qu'ont escrit aucuns docteurs anciens touchant l'approbation, pour certifier que la croix qu'elle trouva estoit sans doubte celle en laquelle Jesus Christ avoit esté pendu. De tout cela je m'en rapporte à ce
15 qui en est. Tant y a que ce fut une folle curiosité à elle, ou une sote devotion et inconsiderée. Mais encores, prenons le cas que ce eust esté une œuvre louable à elle, de mettre peine à trouver la vraye croix; et que nostre Seigneur declara adonc par miracle que c'estoit celle qu'elle trouva. Seulement considerons ce qui est de
20 nostre temps. On tient que ceste croix que trouva Heleine est encores à Jerusalem. Et de cela nul n'en doubte. Combien que l'histoire Ecclesiastique y contredit notamment. Car il est là recité que Heleine en print une partie pour envoyer à l'Empereur son filz; lequel la mist à Constantinoble, sur une coulonne de
25 pourphyre au milieu du marché; de l'autre partie, il est dit qu'elle l'enferma en un estuict d'argent, et la bailla en garde à l'Evesque de Jerusalem. Ainsi, ou nous arguerons l'histoire de mensonge; ou ce qu'on tient aujourdhuy de la vraye croix est une opinion vaine et frivole. Or advisons d'autre part, combien il y
30 en a de pieces par tout le monde. Si je vouloye reciter seulement ce que j'en pourroye dire, il y auroit un rolle pour remplir un livre entier. Il n'y a si petite ville, où il n'y en ayt, non seulement en l'eglise cathedralle, mais en quelques paroisses. Pareillement il n'y a si mechante abbaye, où on n'en monstre. Et en quelques

3 le Lazare] 1557 f. Lazare.
13 celle en laquelle] 1557 f. celle mesme, en laquelle.
19 ce qui est] 1557 f. ce qui en est.
21 à Jerusalem] 1557 f. en Jerusalem.
26 estuict] 1545 ff. estuy.
34 où on] 1557 f. où l'on.

lieux il y en a de bien gros esclatz: comme à la saincte chappelle de Paris, et à Poytiers, et à Rome: où il y en a un crucifix assés grand qui en est faict, comme l'on dit. Brief, si on vouloit ramasser tout ce que s'en est trouvé, il y en auroit la charge d'un bon grand bateau. L'Evangile testifie que la croix pouvoit estre portée d'un homme. 5 Quelle audace donc a ce esté, de remplir la terre de pieces de boys en telle quantité que troys cens hommes ne le sauroyent porter? Et de faict, ilz ont forgé ceste excuse que, quelque chose qu'on en couppe, jamais elle n'en decroist. Mais c'est une bourde si sote et lourde, que mesme les superstitieux la congnoissent. Je laisse 10 donc à penser, quelle certitude on peut avoir de toutes les vrayes croix qu'on adore çà et là. Je laisse à dire, dont c'est que sont venues certaines pieces, et par quel moyen. Comme les uns disent que ce qu'ilz en ont leur a esté porté par les Anges; les autres, qu'il leur est tombé du ciel. Ceux de Poytiers racomptent que ce 15 qu'ilz en ont fut apporté par une damoyselle d'Heleine, laquelle l'avoit desrobé; et comme elle s'en fuyoit, se trouva esgarée au pres de Poytou. Ilz adjoustent à la fable, qu'elle estoit boyteuse. Voila les beaux fondemens qu'ilz ont, pour persuader le pouvre peuple à idolatrer. Car ilz n'ont pas esté contens de seduire et 20 abuser les simples, en monstrant du boys commun au lieu du boys de la croix; mais ilz ont resolu qu'il le faloit adorer, qui est une doctrine diabolique. Et sainct Ambroise nommement la reprouve, comme superstition de Payens.

Apres la croix, s'ensuit le tiltre que fit mettre pilate, où il avoit 25 escrit: Jesus Nazarien, Roy des Juifz. Mais il faudroit savoir et le lieu, et le temps, et comment c'est qu'on l'a trouvé. Quelcun me dira que Socratés, historien de l'eglise, en faict memoire. Je le confesse. Mais il ne dit point qu'il est devenu. Ainsi ce tesmoignage n'est pas de grand valeur. D'avantage, ce fut une escriture faicte à 30 la haste, et sur le champ, apres que JESUS Christ fut crucifié. Pourtant, de monstrer un tableau curieusement faict, comme pour tenir en monstre, il n'y a nul propos. Ainsi, quand il n'y en auroit qu'un seul, on le pourroit tenir pour une faulseté et fiction. Mais

3-4 ce que s'en est trouvé] 1545 ff. ce qui s'en est trouvé.
7 ne le sauroyent] 1557 f. ne les sauroyent.
12 dont] 1557 f. d'où.
21 du boys] 1557 f. de bois.
23 la reprouve] 1544, 1545 l'a reprouvé; 1557 f. l'a reprouvee.
28 Socratés] 1544 ff. Socrates.

quand la ville de Thoulouse se vante de l'avoir, et ceux de Rome y
contredisent, le monstrant en l'eglise de saincte croix, ilz dementent l'un l'autre. Qu'ilz se combatent donc tant qu'ilz voudront.
En la fin, toutes les deux parties seront convaincues de mensonge,
5 quand on voudra examiner ce qui en est.

Encores y a il plus grand combat des cloux. Je reciteray ceux
qui sont venuz à ma notice. Sur cela il n'y aura si petit enfant, qui
ne juge que le Diable s'est par trop moqué du monde, en luy
ostant sens et raison, pour ne pouvoir rien discerner en cest
10 endroit. Si les anciens escrivains disent vray, nomméement
Theodorite, historien de l'eglise ancienne, Heleine en feit enclaver
un au heaume de son filz; des deux autres, elle les mist au mors de
son cheval. Combien que sainct Ambroyse ne dit pas du tout
ainsi; car il dit que l'un fut mis à la couronne de Constantin; de
15 l'autre, le mors de son cheval en fut faict; le troisiesme, que
Heleine le garda. Nous voyons qu'il y a desja plus de douze cens
ans que cela estoit en different, qu'est-ce que les cloux estoient
devenuz. Quelle certitude en peut on donc avoir àpresent? Or, à
Milan ilz se vantent d'avoir celuy qui fut posé au mors du cheval
20 de Constantin. A quoy la ville de Carpentras s'oppose, disant que
c'est elle qui l'a. Or, sainct Ambroise ne dit pas que le clou fut
attaché au mors, mais que le mors en fut faict. Laquelle chose ne se
peut nullement accorder avec ce que disent tant ceux de Milan que
ceux de Carpentras. Apres, il y en a un à Rome, à saincte Heleine;
25 un autre là mesme, en l'eglise saincte croix; un autre à Sene; un
autre à Venise; en Alemaigne deux: un à Coulongne, aux troys
maries; l'autre à Triers. En france, un à la saincte chappelle de
Paris; l'autre aux Carmes; un autre à sainct Denis en france; un
à Bourges; un à la Tenaille; un à Draguignan. En voyla quatorze
30 de compte faict. Chascun lieu allegue bonne approbation à son
endroit, ce luy semble. Tant y a que chascun a aussi bon droit que
les autres. Pourtant, il n'y a meilleur moyen que de les faire passer
tous soubz un fidelium. C'est de reputer que tout ce qu'on en dit
n'est que mensonge; puis que autrement on n'en peut venir à
35 bout.

2 monstrant] 1545, 1563 monstrans.
17 qu'est-ce que les cloux] 1545 ff. que c'est que les cloux.
30-1 à son endroit] 1557 f. en son endroit.

S'ensuit le fer de la lance, qui ne pouvoit estre qu'un; mais il faut dire que il est passé par les fourneaux de quelque alchumiste: car il s'est multiplyé en quatre, sans ceux qui peuvent estre çà et là, dont je n'ay point ouy parler. Il y en a un à Rome; l'autre à la saincte chapelle de Paris; le troixiesme en l'abbaye de la Tenaille, en sainct Onge; le quatriesme à la Selve, pres de Bordeaux. Lequel est-ce qu'on choisira maintenant pour vray? Pourtant, le plus court, c'est de les laisser tous quatre pour telz qu'ilz sont. Mais encor, quand il n'y en auroit qu'un seul, si voudroys je bien savoir dont il est venu. Car les histoires anciennes, ne tous les autres escritz, n'en font nulle mention. Il faut donc qu'ilz ayent esté forgez de nouveau.

Touchant de la couronne d'espines, il faut dire que les pieces en ont esté replantées pour reverdir. Autrement je ne say comment elle pourroit estre ainsi augmentée. Pour un item, il y en a la troisiesme portion en la saincte chapelle de Paris; à Rome, en l'eglise saincte croix, il y en a trois espines, et en l'eglise saincte Estace de Rome mesmes, quelque quantité; à Sene, je ne say quantes espines; à Vincence, une; à Bourges, cinq; à Besanson, en l'eglise de sainct Jehan, troys; à montroyal, troys; à sainct salvador en Hespaigne, je ne say combien; à sainct Jaques en galice, deux; à Alby, troys; à Thoulouse, à Mascon, à Charroux en Poictou, à Clery, à sainct flour, à sainct Maximin en provence, en l'abbaye de la salle, en l'eglise parrochialle de sainct martin à Noyon: en chascun de tous ces lieux, il y en a une. Quand on auroit faict diligente inquisition, on en pourroit nommer plus de quatre foys autant. Necessairement on voit qu'il y a de la faulseté. Quelle fiance donc peut on avoir ne des unes ne des autres? Avec ce, il est à noter qu'en toute l'eglise ancienne, jamais on ne sceut à parler, que ceste couronne estoit devenue. Parquoy il est aisé de conclurre que la premiere plante a commencé à jetter long temps apres la passion de nostre Seigneur Jesus Christ.

Il y a puis apres la Robbe de pourpre, de laquelle Pilate vestit

2 alchumiste] 1557 f. alchymiste.
10 dont] 1557 f. d'où.
10–11 ne tous les autres] 1557 f. ni aussi tous les autres.
17–18 saincte Estace] 1544 saincte Eustace; 1545 ff. sainct Eustace.
18 mesmes] 1544 ff. mesme.
25 il y en a une] 1557 f. il y en a pour le moins une.

nostre Seigneur par derision, d'autant qu'il s'estoit appellé Roy. Or, c'estoit une robbe precieuse, qui n'estoit pas pour jetter à l'abandon. Et n'est pas à presumer que Pilate ou ses gens la laissassent perdre, apres s'estre moqué pour une foys de nostre
5 Seigneur. Je voudroys bien savoir qui a esté le marchant qui l'achepta de Pilate, pour la garder en reliquaire. Et pour mieux colorer leur bourde, ilz monstrent quelques gouttes de sang dessus, comme si les meschantz eussent voulu gaster une robbe royale, en la mettant par risée sur les espaules de Jesus Christ. Je ne say pas
10 s'il y en a quelqu'une aussi bien alleurs. Mais de la robbe qui estoit tissue de haut en bas sans cousture, sur laquelle fut jecté le sort, pource qu'elle sembloit plus propre à esmouvoir les simples à devotion, il s'en est trouvé plusieurs. Car à Argenteul prés Paris il y en a une, et à Trier une autre. Et si la bulle de sainct Salvador
15 en Hespaigne dit vray, les chrestiens par leur zele inconsideré ont faict pis que ne feirent les gensdarmes incredules. Car ceux n'oserent la deschirer en pieces, mais pour l'espargner misrent le sort dessus; et les chrestiens l'ont despecée pour l'adorer. Mais encores que respondront ilz au Turc, qui se moque de leur folie,
20 disant qu'elle est entre ses mains? Combien qu'il n'est ja mestier de les faire plaider contre le Turc. Il suffit qu'entre eux ilz vuydent leur debat. Ce pendant, nous serons excusez de ne croire ne à l'un ne à l'autre, de peur de ne favoriser à l'une des parties plus que à l'autre, sans congnoissance de cause. Car cela seroit contre toute
25 raison. Qui plus est, s'ilz veulent qu'on adjouste foy à leur dire, il est requis en premier lieu qu'ilz s'acordent avec les Evangelistes. Or est il ainsi, que ceste robbe, sur laquelle le sort fut jecté, estoit un saye ou hocqueton, que les grecz appellent choeton, et les latins tunica. Qu'on regarde si la robbe de Argenteul, ou celle de Trier,
30 ont telle forme. On trouvera que c'est comme une chasuble pliée. Ainsi, encore qu'ilz crevassent les yeux aux gens, si congnoistroit on leur faulseté, en tastant des mains. Pour faire fin à cest article, je demanderois voluntiers une petite question. Ce que les gendarmes ont divisé entre eux les vestemens de Jesus Christ, comme

4–5 nostre Seigneur] 1557 f. nostre Seigneur Jesus.
10 alleurs] 1544 ff. ailleurs.
13 Argenteul prés Paris] 1563 Argenteul, pres de Paris.
16 gensdarmes] 1544 ff. gendarmes.   ceux] 1544 ff. iceux.
22–3 ne...ne] 1557 f. ni...ni.
30 pliée] *omitted* 1557 f.

l'Escriture tesmoigne, il est certain que c'estoit pour s'en servir à leur profit. Qu'ilz me sachent à dire, qui a esté le Chrestien qui les ayt rachepté des gendarmes, tant le saye que les autres vestemens qui se monstrent en d'autres lieux, comme à Rome en l'eglise sainct Estache, et ailleurs. Comment est-ce que les Evangelistes ont oblié cela? Car c'est une chose absurde, de dire que les gendarmes ont butiné ensemble les vestemens, sans adjouster qu'on les a racheptez de leurs mains, pour en faire des reliques. D'avantage, comment est-ce que tous ceux qui ont escrit anciennement, ont esté si ingratz de n'en sonner mot? Je leur donne terme à me respondre sur ces questions, quand les hommes n'auront plus sens ne entendement pour juger. Le meilleur est que avec la robbe ilz ont aussi bien voulu avoir les dez, dont le sort fut jecté par les gendarmes. L'un est à Trier, et deux autres à sainct Salvador en Hespaigne. Or, en cela ilz ont naifvement demonstré leur asnerie. Car les Evangelistes disent que les gendarmes ont jecté le sort, qui se tiroit adonc d'un chappeau, ou d'un boucal: comme quand on veut faire le roy de la fesve, ou quand on jouë à la bianque. Brief, on sait que c'est jecter aux lotz. Cela se faict communement en partages. Ces bestes ont imaginé que le sort estoit jeu de dez, lequel n'estoit pas adonc en usage, au moins tel que nous l'avons de nostre temps. Car au lieu de six et as et autres poinctz, ilz avoyent certaines marques, lesquelles ilz nommoyent par leurs noms: comme venuz ou chien. Qu'on aille maintenant baiser les reliques au credit de si lourdz menteurs.

Il est temps de traicter du suaire; auquel ilz ont encore mieux monstré tant leur impudence que leur sotise. Car outre le suaire de la Veronique, qui se monstre à Rome à sainct Pierre, et le couvre-chef que la vierge Marie, comme ilz disent, mist sur les parties honteuses de nostre Seigneur, qui se monstre à sainct Jehan de Latran, lequel aussi bien est de rechef aux Augustins de Carcasonne; item, le suaire qui fut mis sur sa teste au sepulcre, qui se monstre là mesme; il y a une demy douzaine de villes, pour le moins, qui se vantent d'avoir le suaire de la sepulture tout entier: comme Nice, celuy qui a esté transporté là de chambery. Item,

---

3 rachepté] 1545 ff. rachetez.
12 sens ne entendement] 1557 f. sens ni entendement.
19 bianque] 1557 f. blancque.
28 à Rome à sainct Pierre] 1557 f. à Rome en l'eglise de sainct Pierre.

Aix en Allemaigne. Item, le Trect. Item, Besanson. Item,
Cadoin en Limosin. Item une ville de Lorraine, assise au pors
d'Aussoys; sans les pieces qui en sont dispersées d'un costé et
d'autre, comme à sainct Salvador en Hespaigne, et aux Augustins
5 d'Alby. Je laisse encore un suaire entier, qui est à Rome en un
Monastere de femmes; pource que le Pape a deffendu de le
monstrer solennellement. Je vous prie, le monde n'a-il pas esté
bien enragé, de trotter cent ou six vingtz lieuës loing, avec gros
frays et grand peine, pour veoir un drappeau duquel il ne pouvoit
10 nullement estre asseuré, mais plustost estoit contraint d'en
doubter? Car quiconques estime le suaire estre en un certain lieu,
il fait faulsaires tous les autres qui se vantent de l'avoir. Comme
pour exemple, celuy qui croit que le drappeau de Chambery soit
le vray suaire, cestuy là condamne ceux de Besanson, d'Aix, de
15 Cadoin, du Trier, et de Rome, comme menteurs, et qui font
meschamment idolatrer le peuple en le seduisant, et luy faisant à
croire qu'un drappeau prophane est le linceul où fut enveloppé
son Redempteur. Venons maintenant à l'Evangile. Car ce seroit
peu de chose qu'ilz se dementissent l'un l'autre; mais le sainct
20 Esprit leur contredisant à tous, les rend tous ensemble confonduz,
autant les uns que les autres. Pour le premier, c'est merveille que
les Evangelistes ne font nulle mention de ceste Veronique, laquelle
tourcha la face de Jesus Christ d'un couvrechef; veu qu'ilz
parlent de toutes les femmes lesquelles l'accompaignerent à la
25 croix. C'estoit bien une chose notable et digne d'estre mise en
registre, que la face de Jesus Christ eust esté miraculeusement
imprimée en un linceul. Aucontraire, il semble advis que cela
n'emporte pas beaucoup, de dire que certaines femmes ayent
accompagné JESUS Christ à la croix, sans qu'il leur soit
30 advenu aucun miracle. Comment est-ce donc que les Evangelistes
racomptent des choses menues et de legiere importance, se taisant
des principales? Certes, si un tel miracle avoit esté faict comme
on faict à croire, il nous faudroit accuser le sainct Esprit d'obliance
ou de indiscretion, qu'il n'auroit sceu prudemment eslire ce qui

2 pors] 1544 ff. port.
9 grand peine] 1544, 1545 grand' peine; 1557 f. grande peine.
15 du Trier] 1557 f. de Trier.
23 tourcha] 1545 ff. toucha.
31 taisant] 1545 ff. taisans.

estoit le plus expedient de racompter. Cela est pour leur Veronique,
afin qu'on congnoisse combien c'est un mensonge evident de ce
qu'ilz en veulent persuader. Quand est du suaire auquel le corps
fut enveloppé, je leur faiz une semblable demande. Les Evangelistes recitent diligemment les miracles qui furent faictz à la mort 5
de Jesus Christ, et ne laissent rien de ce qui appartient à l'histoire.
Comment est-ce que cela leur est eschappé, de ne sonner mot
d'un miracle tant excellent? C'est que l'effigie du corps de nostre
Seigneur estoit demeurée au linceul auquel il fut ensevely. Cela
valoit bien autant d'estre dict comme plusieurs autres choses. 10
Mesmes sainct Jehan declare comment sainct Pierre, estant entré
au sepulcre, veit les linges de la sepulture, l'un d'un costé, l'autre
d'autre. Que il y eust aucune pourtraicture miraculeuse, il n'en
parle point. Et n'est pas à presumer qu'il eust supprimé une telle
œuvre de Dieu, s'il en eust esté quelque chose. Il y a encore un 15
autre doubte à objecter. C'est que les Evangelistes ne parlent
point que nul des disciples, ne des femmes fideles, ayent transporté
les linceux dont il est question hors du sepulcre; mais plustost ilz
donnent à congnoistre qu'ilz les ont là laissez, combien qu'ilz ne
l'expriment pas. Or, le sepulcre estoit gardé des gendarmes, qui 20
eurent depuis le linceul en leur puissance. Est-il à presumer qu'ilz
le baillassent à quelque fidele, pour en faire des reliques? Veu que
les Pharisiens les avoyent corrompuz, pour se perjurer, disans que
les disciples avoyent desrobé le corps. Je laisse à les redarguer de
faulseté par la veuë mesmes des pourtraictures qu'ilz en mon- 25
strent. Car il est facile à veoir que ce sont peinctures faictes de main
d'homme. Et ne me peux assez esbahir, premierement, comment
ilz ont esté si lourdaux, de ne point avoir meilleure astuce pour
tromper; et encore plus, comment le monde a esté si niez, de se
laisser ainsi esbloyr les yeux, pour ne veoir point une chose tant 30
evidente. Qui plus est, ilz ont bien monstré qu'ilz avoyent les
painctres à commandement. Car quand un suaire a esté bruslé, il
s'en est tousjours trouvé un nouveau le lendemain. On disoit bien

8–9 nostre Seigneur] 1557 f. nostre Seigneur JESUS.
11 Mesmes sainct Jehan] 1557 f. Mesme l'Evangeliste sainct Jean.
15–16 un autre doubte] 1545 ff. une autre doubte.
17 des femmes fideles] 1545 ff. les femmes fideles.
25 mesmes] 1544 ff. mesme.
27 peux] 1557 f. puis.   comment] 1557 f. comme.
29 niez] 1557 f. niais.

que c'estoit cestuy-là mesme qui avoit esté au paravant, lequel
s'estoit par miracle sauvé du feu; mais la paincture estoit si
fresche, que le mentir n'y valoit rien, s'il y eust eu des yeux pour
regarder. Il y a, pour faire fin, une raison peremptoire, par
5 laquelle ilz sont du tout convaincuz de leur impudence. Par tout
où ilz se disent avoir le sainct suaire, ilz monstrent un grand
linceul qui couvroit tout le corps avec la teste, et voit-on là
l'effigie d'un corps tout d'un tenant. Or, l'Evangeliste sainct
Jehan dict que Jesus Christ fut ensevely à la façon des Juifz. Or
10 quelle estoit ceste façon, non seulement on le peut entendre par
la coustume que les Juifz observent encores aujourdhuy, mais par
leurs livres, qui monstrent l'usage ancien. C'est d'envelopper à
part le corps jusques aux espaules, puis envelopper la teste dedans
un couvrechef, le liant à quatre coingz. Ce que aussi l'Evangeliste
15 exprime, quand il dit que sainct Pierre veit les linges d'un costé,
où le corps avoit esté enveloppé; et d'un autre costé le suaire qui
avoit esté posé sur la teste. Car telle est la signification de ce mot
de suaire, de le prendre pour un mouchoir, ou couvrechef, et non
pas pour un grand linceul qui serve à envelopper le corps. Pour
20 conclurre briefvement, il faut que l'Evangeliste sainct Jehan soit
menteur, ou bien que tous ceux qui se vantent d'avoir le sainct
suaire soyent convaincuz de faulseté, et qu'on voye apertement
qu'ilz ont seduit le povre peuple par une impudence trop extreme.
　　Ce ne seroit jamais faict, si je vouloye poursuyvre par le menu
25 toutes les moqueries dont ilz usent. On monstre à Rome, à sainct
Jehan de latran, le rameau qui fut mis en la main de Jesus Christ
au lieu d'un sceptre, quand on le batoit par moquerie en la maison de Pilate. Là mesme, en l'eglise saincte croix, on monstre
l'esponge avec laquelle on luy mist en la bouche le fiel et la
30 myrrhe. Je vous prie, où est-ce qu'on les a recouvertz? C'estoyent
les infideles qui les avoyent entre leurs mains. Les ont ilz delivrez
aux Apostres, pour en faire des reliques? Les ont ilz eux mesmes
enserrez, pour les conserver au temps advenir? Quel sacrilege

　　9–10 Or quelle estoit] 1557 f. Et quelle estoit.
11–12 mais par leurs livres] 1545 ff. mais aussi par leurs livres.
12 monstrent l'usage] 1557 f. monstrent assez l'usage.
14 à quatre coingz] 1557 f. aux quatre coings.
26 rameau] 1563 roseau.
30 recouvertz] 1557 f. recouvrez.

est-ce d'abuser ainsi du Nom de Jesus Christ, pour couvrir des fables tant froydement forgées? Autant en est il des deniers que Judas receut pour avoir trahy nostre Seigneur. Il est dit en l'Evangile qu'il les rendit en la synagogue des pharisiens, et qu'on en acheta un champ pour ensepvelir les estrangiers. Qui est-ce qui 5 a retiré ces deniers là de la main du marchant? Si on dit que ce ont esté les disciples, cela est par trop ridicule. Il faut chercher une meilleure couleur. Si on dit que cela s'est faict long temps apres, encores y a il moins d'apparence, veu que l'argent pouvoit estre passé par beaucop de mains. Il faudroit donc monstrer, ou que le 10 marchant qui vendit sa possession aux Pharisiens pour faire un cymetiere, l'eust fait pour achepter les deniers, afin d'en faire des reliques; ou bien qu'il les a revendus aux fideles. Or de cela, il n'en fut jamais nouvelle en l'eglise ancienne. C'est une semblable forbe des degrés du pretoire de Pilate, qui sont à sainct Jehan de 15 latran à Rome, avec des trouz, où ilz disent que des gouttes de sang tomberent du corps de nostre Seigneur. Item, là mesme, en l'eglise saincte Praxede, la coulonne à laquelle il fut attaché, quand on le foyta; et en l'eglise saincte croix, troys autres, àlentour desquelles il fut pourmené allant à la mort. De toutes ces coulonnes, 20 je ne say où ilz les ont songé. Tant y a qu'ilz les ont imaginées à leur propre fantasie; car en toute l'histoire de l'Evangile, nous n'en lisons rien. Il est bien dict que Jesus Christ fut flagellé; mais qu'il fust attaché à un pilier, cela est de leur glose. On voit donc qu'ilz n'ont tasché à autre chose, sinon d'amasser comme une mer 25 de mensonges. En quoy ilz se sont donnez une telle licence, qu'ilz n'ont point eu honte de feindre une relique de la queue de l'asne sur lequel nostre Seigneur fut porté. Car ilz la monstrent à Genes. Mais il ne nous faut estonner non plus de leur impudence, que de la sottise et stupidité du monde, qui a receu avec grande devotion 30 une telle moquerie.

Quelcun pourroit icy objecter qu'il n'est pas vray-semblable qu'on monstre tous les reliquaires que nous avons desja nommez si

4–5 et qu'on en acheta] 1545 ff. et puis on en acheta.
14 nouvelle] 1557 f. nouvelles.
17 nostre Seigneur] 1557 f. nostre Seigneur Jesus Christ.
19 foyta] 1544 foeta; 1545 ff. foueta.
21 songé] 1557 f. songees.
22 de l'Evangile] *from this point to p. 76 l. 30 below, the first edition is missing in the only existing copy. The text of the next section is therefore the 1544 edition.*

autentiquement, que on ne puisse quant et quant alleguer dont
ilz viennent, et de quelle main on les a eues. A cela je pourrois
respondre en un mot, qu'en mensonges tant evidens, il n'est pas
possible de pretendre aucune verisimilitude. Car quelque chose
5 qu'ilz s'arment du nom de Constantin, ou du Roy Loys, ou de
quelque Pape, tout cela ne fait rien pour approuver que JESUS
Christ ayt esté crucifié avec quatorze cloux, ou qu'on eust em-
ployé une haye toute entiere à luy faire sa couronne d'espines,
ou qu'un fer de lance en ayt enfanté depuis troys autres, ou que son
10 saye se soit multiplié en troys, et ayt changé de facon pour devenir
une chasuble, ou que d'un suaire seul il en soit sorty une couvée,
comme des poucins d'une poulle, et que JESUS CHRIST ayt
esté enseveli tout autrement que l'Evangile ne porte. Si je mon-
stroye une masse de plomb, et que je disse: ce billon d'or m'a esté
15 donné par un tel prince, on m'estimeroit un fol insensé; et pour
mon dire, le plomb ne changeroit pas sa couleur ne sa nature,
pour estre transmué en or. Ainsi quand on nous dit: Voila que
Gaudefroy de Billon a envoyé par decà apres avoir conquis le
pays de Judée, et que la raison nous monstre que ce n'est que
20 mensonge; nous faut-il laisser abuser de parolles, pour ne point
regarder ce que nous voyons à l'œil? Mais encore, afin qu'on
sache combien il est seur de se fier à tout ce qu'ilz disent pour
l'approbation de leurs reliques, il est à noter que les principales
reliques, et les plus autentiques qui soyent à Rome, y ont esté
25 apportées, comme ilz disent, par Tite et Vaspasien. Or, c'est
une bourde aussi chaude comme si on disoit que le Turc fust allé
en Jerusalem pour querir la vraye croix, afin de la mettre à
Constantinoble. Vaspasien, devant qu'il fust Empereur, conquesta
et destruict une partie de Judée; depuis, luy estant venu à l'empire,
30 son filz Tite, lequel il avoit là laissé pour son lieutenant, print la
ville de Jerusalem. Or, c'estoyent Payens, ausquelz il chaloit
autant de JESUS Christ que de celuy qui n'eust jamais esté.
Ainsi on peut juger s'ilz n'ont pas osé mentir aussi franchement,

1 dont] 1557 f. d'où.
2 eues] 1557 f. euz.
12 des poucins] 1545 ff. de poucins.
28 devant] 1557 f. avant.
29 destruict] 1557 f. destruisit.
32 eust] 1557 f. avoit.

en allegant Goudefroy de Billon ou S. Loys, comme ilz ont allegué Vaspasien. D'avantage, qu'on pense quel jugement a eu tant le Roy, que on appelle sainct Loys, que ses semblables. Il y avoit bien une devotion et zele tel quel, d'augmenter la Chrestienté. Mais si on leur eust monstré des crottes de chievres, et qu'on leur eust dit: voyla des patenostres de nostre Dame, ilz les eussent adorées sans contredit, ou les eussent apportées en leurs navires par decà, pour les coloquer honnorablement en quelque lieu. Et defaict ilz ont consumé leur corps et leur bien, et une bonne partie de la substance de leur pays, pour rapporter un tas de menues folies, dont on les avoit embabouinés, pensant que ce fussent joiaux les plus precieux du monde. Pour donner encor plus amplement à congnoistre ce qui en est, il est à noter qu'en toute la Grece, l'Asie mineur, et la Mauritaine, que nous appellons aujourd'huy en vulgaire le pais des Indes, on monstre avec grande asseurance toutes ces antiquailles, que les povres idolatres pensent avoir alentour de nous. Qu'est il de juger entre les uns et les autres? Nous dirons qu'on a apporté les reliques de ces pays là. Les Chrestiens qui y habitent encore afferment qu'ilz les ont, et se moquent de nostre folle vanterie. Comment pourroit on decider ce proces, sans une inquisition, laquelle ne se peut faire, et ne se fera jamais? Parquoy le remede unique est de laisser la chose comme elle est, sans se soucier ne d'une part ne d'autre.

Les dernieres reliques qui appartiennent à Jesus Christ sont celles qu'on a eu depuis sa resurrection: comme un morceau du poysson rosty que luy presenta sainct Pierre, quand il s'apparut à luy sur le bord de la mer. Il faut dire qu'il ayt esté bien espicé, ou qu'on y ayt fait un merveilleux saupiquet, qu'il s'est peu garder si long temps. Mais, sans risée, est il à presumer que les Apostres ayent faict une relique du poysson qu'ilz avoyent aspresté pour leur disner? Quiconques ne verra que cela est une mocquerie aperte de Dieu, je le laisse comme une beste qui n'est pas digne qu'on luy remonstre plus avant. Il y a aussi le sang miraculeux qui

6 voyla] 1557 f. Voici.
9 leur corps et leur bien] 1557 f. leurs corps et leurs biens.
10 leur pays] 1557 f. leurs pays.
11 pensant] 1545 ff. pensans.
28 qu'il ayt esté] 1545 ff. qu'il a esté.

est sailly de plusieurs hosties: comme à Paris, à sainct Jehan en Greve, à sainct Jehan d'Angely, à Dijon, et ailleurs en tout plein de lieux. Et afin de faire le monceau plus gros, ilz ont adjousté le sainct Canivet dont l'hostie de Paris fut piquée par un Juif; lequel
5 les povres folz Parisiens ont en plus grand' reverence que l'hostie mesme. Dont nostre maistre de Quercu ne se contentoit point. Et leur reprochoit qu'ilz estoyent pires que Juifz, d'autant qu'ilz adoroyent le cousteau qui avoit esté instrument pour violer le precieux corps de JESUS Christ. Ce que je allegue, pource qu'on
10 en peut autant dire de la lance, des cloux, et des espines: c'est que tous ceux qui les adorent, selon la sentence de nostre maistre de Quercu, sont plus meschans que les Juifz qui ont crucifié nostre Seigneur.

Semblablement on monstre la forme de ses piedz où il a marché
15 quand il s'est apparu à quelqu'uns depuis son ascension. Comme il y en a un à Rome en l'eglise sainct Laurens, au lieu où il rencontra sainct Pierre, quand il luy predict qu'il devoit souffrir à Rome. Un autre à Poytiers à saincte Ragonde. Un autre à Soyssons. Un autre en Arles. Je ne dispute point si JESUS Christ
20 a peu imprimer sus une pierre la forme de son pied. Mais je dispute seulement du faict; et dis, puis qu'il n'y en a nulle probation legitime, qu'il faut tenir tout cela pour fable. Mais la relique la plus feriale de ceste espece, est la forme de ses fesses, qui est à Reins en Champaigne, sur une pierre derriere le grand autel. Et
25 disent que cela fut faict du temps que nostre Seigneur estoit devenu masson, pour bastir le portail de leur eglise. Ce blaspheme est si execrable que j'ay honte d'en plus parler.

Passons donc outre, et voyons ce qui se dit de ses images, non point celles qui se font communement par painctres, ou tailleurs,
30 ou menusiers, car le nombre en est infiny; mais de celles qui ont quelque dignité speciale, pour estre tenues en quelque singularité comme reliques. Or, il y en a de deux sortes: les unes ont esté faictes miraculeusement, comme celle qui se monstre à Rome en l'eglise saincte Marie, qu'on appelle in porticu. Item, une autre à
35 sainct Jehan de Latran. Item, une autre, en laquelle est pour-

---

1 à Paris, à sainct Jehan] 1557 f. à Paris en l'eglise de sainct Jean.
5 grand' reverence] 1545 ff. grande reverence.
15 quelqu'uns] 1557 f. quelques uns.
20 sus] 1545 ff. sur.

traicte son effigie en l'eage de douze ans. Item, celle de Lucques, qu'on dit avoir esté faicte par les Anges, et laquelle on appelle Vultus sanctus. Ce sont fables si frivoles, qu'il me semble advis que ce seroit peine perdue, et mesme que je seroys ridicule et inepte, si je m'amusoye à les refuter. Parquoy, il suffit de les 5 avoir notées en passant. Car on sait bien que ce n'est pas le mestier des Anges d'estre painctres; et que nostre Seigneur Jesus veut estre congneu autrement de nous et se reduire en nostre souvenance, que par images charnelles. Eusebe recite bien en l'histoire Ecclesiastique, qu'il envoya au Roy Abagarus son visage 10 pourtraict au vif; mais cela doit estre aussi certain qu'un des commens des chroniques de Melusine. Toutesfois, encore que ainsi fust, comment est-ce qu'ilz l'ont eu du Roy Abagarus? Car ilz se vantent à Rome de l'avoir. Or, Eusebe ne dit pas qu'elle fust demourée en estre jusque à son temps; mais il en parle par ouyr 15 dire, comme d'une chose loingtaine. Il est bien à presumer que six ou sept cens ans apres elle soit ressuscitée, et soit venue depuis Perse jusqu'à Rome. Ilz ont aussi bien forgé les images de la croix, comme du corps. Car ilz se vantent à Bresse d'avoir la croix qui apparut à Constantin. De quoy je n'ay que faire d'en 20 debattre à l'encontre d'eux; mais je les renvoye à ceux de Courtonne, qui maintiennent fort et ferme qu'elle est par devers eux. Qu'ilz en plaident donc ensemble. Lors, que la partie qui aura gagné son proces vienne; et on luy respondra. Combien que la response soit facile, pour les convaincre de leur folie. Car ce que 25 aucuns escrivains ont dict, qu'il apparut une croix à Constantin, n'est pas à entendre d'une croix materielle, mais d'une figure qui luy estoit monstrée au ciel en vision. Encores donc que cela fust vray, on voit bien qu'ilz ont trop lourdement erré par faute d'intelligence. Et ainsi ont basty leur abuz sans fondement. 30

Quand est de la seconde espece des images, qu'on tient en reliques pour quelques miracles qu'elles ont faict: en ce nombre sont comprins les crucifix ausquelz la barbe croit. Comme celuy de Bourgues en Hespaigne. Item, celuy de S. Salvador, et celuy d'Aurenge. Si je m'arreste à remonstrer quelle follie, ou plustost 35 bestise c'est de croire cela, on se moquera de moy. Car la chose de soymesme est tant absurde, qu'il n'est ja mestier que je mette

30 leur abuz] 1557 f. leurs abus.
33–4 celuy de Bourgues en Hespaigne. Item] *these words omitted* 1557 f.

peine à la refuter. Toutesfois le povre monde est si stupide, que la pluspart tient cela aussi certain que l'Evangile. Je metz semblable-ment en ce rang les crucifix qui ont parlé; dont la multitude est grande. Mais contentons nous d'un pour exemple: assavoir, de
5 celuy de sainct Denis en France. Il parla, ce disent-ilz, pour rendre tesmoignage que l'eglise estoit dediée. Je laisse à penser si la chose le valoit bien. Mais encore, je leur demande comment est-ce que le crucifix pouvoit estre adonc en l'eglise? Veu que quand on les veut dedier, on en retire toutes les images. Comment
10 est-ce donc qu'il s'estoit desrobé, pour n'estre point transporté avec les autres? Il faut dire que ilz ont pensé tromper le monde fort à leur aise, veu qu'ilz ne se sont soucié de se contredire apertement, mais qu'il leur a suffy de mentir à gueule desployée, ne se donnant point garde des repliques qu'on leur pouvoit faire.
15 Il y a finalement les larmes. Une à Vendosme, une à Trier, une à sainct Maximin, une à sainct Pierre le Puellier d'Orleans; sans celles que je ne say point. Les unes, comme ilz disent, sont naturelles: comme celle de sainct Maximin, laquelle, selon leurs chroniques, tomba à nostre Seigneur en lavant les piedz de ses
20 Apostres; les autres sont miraculeuses. Comme s'il estoit à croire que les crucifix de boys fussent si despitz que de pleurer. Mais il leur faut pardonner ceste faute, car ilz ont eu honte que leurs marmosetz n'en feissent autant que ceux des Payens. Or, les Payens ont feinct que leurs idoles pleuroyent quelques foys.
25 Ainsi nous pouvons bien mettre l'un avec l'autre.

Quant à la vierge Marie, pource qu'ilz tiennent que son corps n'est plus en terre, le moyen leur est osté de se vanter d'en avoir les os. Autrement, je pense qu'ilz eussent faict à croire qu'elle avoit un corps pour remplir un grand charnier. Au reste, ilz se
30 sont vengez sur ses cheveux et sur son laict, pour avoir quelque chose de son corps. De ses cheveux, il y en a à Rome à saincte Marie sus Minerve, à sainct Salvador en Hespaigne, à Mascon, à Cluny, à Noyers, à sainct Flour, à sainct Jaquerie, et en d'autres plusieurs lieux. Du laict, il n'est ja mestier de nombrer les lieux
35 où il y en a. Et aussi ce ne seroit jamais faict. Car il n'y a si petite

12 soucié] 1545 ff. souciez.
15 Une à Vendosme] 1557 f. dont l'une est à Vandosme.
28 à croire] 1557 f. accroire au monde.
33 Noyers] 1545 ff. Noers.   en d'autres] 1557 f. en autres.

villette, ny si meschant couvent, soit de Moynes, soit de Nonnains,
où l'on n'en monstre, les uns plus, les autres moins. Non pas
qu'ilz ayent esté honteux de se vanter d'en avoir à pleines potées;
mais pource qu'il leur sembloit advis que leur mensonge seroit
plus couvert, s'ils n'en avoyent que ce qui pourroit tenir dedans   5
quelque monstre de voirre ou de cristalin, afin que on n'en feist
pas d'examen plus pres. Tant y a, que si la saincte Vierge eust esté
une vache, et qu'elle eust esté nourrice toute sa vie, à grand peine
en eust elle peu rendre telle quantité. D'autre part, je demande-
roys voulentiers comment ce laict, qu'on monstre aujourd'huy par   10
tout, s'est recueilly pour le reserver en nostre temps. Car nous ne
lisons pas que jamais aucun ayt eu ceste curiosité. Il est bien dict
que les Pasteurs ont adoré JESUS Christ, que les Sages luy ont
offert leurs presens; mais il n'est point dit que ilz ayent rapporté
du laict pour recompense. Sainct Luc recite bien ce que Simeon   15
predit à la Vierge; mais il ne dit pas qu'il luy demandast de son
laict. Quand on ne regardera que ce poinct, il ne faut ja arguer
d'avantage, pour monstrer combien ceste folie est contre toute
raison, et sans couverture aucune. C'est merveille, puis qu'ilz ne
pouvoyent avoir autre chose du corps, qu'ilz ne se sont advisez de   20
rongner de ses ongles, et de choses semblables; mais il faut dire que
tout ne leur est pas venu en memoire.

La reste qu'ilz ont des reliques de nostre Dame est de son baguage.
Premierement il y en a une chemise à Chartre, de laquelle on fait
une idole assés renommée; et à Aix en Allemaigne une autre. Je   25
laisse là comment c'est qu'ilz les ont peu avoir. Car c'est chose
certaine que les Apostres et les vrays chrestiens de leur temps n'ont
pas esté si badins que de s'amuser à telles manigances. Mais qu'on
regarde seulement la forme, et je quitte le jeu, si on n'aperceoit à
l'œil leur impudence. Quand on faict la monstre à Aix en Alle-   30
maigne de la chemise que nous avons dit estre là, on monstre au
bout d'une perche comme une longue aulbe de Prestres. Quand la

3 avoir à pleines potées] 1563 avoir pleines potees.
5 qui pourroit tenir] 1557 f. qui se pourroit tenir.
8 esté nourrice] 1557 f. esté une nourrice.
14 rapporté] 1557 f. reporté.
16 demandast] 1557 f. demanda.
19 C'est merveille] 1557 f. Et c'est merveilles.
21 rongner] 1557 ronguer; 1563 ronger.
32 Prestres] 1557 f. Prestre.   Quand la vierge] 1557 f. Or quand la vierge.

vierge Marie auroit esté une geande, à grand peine eust elle porté
une si grande chemise. Et pour luy donner meilleur lustre, on
porte quant et quant les chaussettes sainct Joseph, qui seroyent
pour un petit enfant ou un Nain. Le proverbe dit qu'un menteur
5 doit avoir bonne memoire, de peur de se coupper par oubly. Ilz
ont mal gardé ceste reigle, quand ilz n'ont pensé de faire meilleure
proportion entre les chausses du mary et la chemise de la femme.
Qu'on aille maintenant baiser bien devotement ces reliques,
lesquelles n'ont autre apparence de verité. De ses couvrechefz, je
10 n'en say que deux: à Trier un, en l'abbaye sainct Maximin; à
Lisio en Italie, un autre. Mais je voudroye qu'on advisast de quelle
toile ilz sont, et si on les portoit de telle facon en ce temps là au pays
de Judée. Je voudroye aussi qu'on fist comparaison de l'un à
l'autre, pour veoir comment ilz s'entressemblent. A Boulongne ilz
15 en ont un fronteau. Quelcun me demandera si je pense que ce
fronteau soit une chose controuvée. Je respons que j'en estime
autant que de sa ceincture, qui est à Prat, et de celle qui est à
nostre Dame de Montserrat. Item, de sa pantouffle, qui est à
sainct Jaquerie, et un de ses soliers, qui est à sainct Flour. Quand
20 il n'y auroit autre chose, tout homme de moyenne prudence sait
bien que ce n'a pas esté la facon des fideles, de ramasser ainsi
chausses et soliers pour faire des reliques; et que jamais il n'en fut
faict mention de plus de cinq cens ans apres la mort de la vierge
Marie. Qu'en faut-il donc plus arguer, comme si la chose estoit
25 doubteuse? Mesme ilz ont voulu faire à croire à la saincte Vierge
qu'elle estoit fort curieuse à se parer et testonner. Car ilz monstrent
deux de ses pignes: l'un à Rome, en l'eglise de sainct Martin; et
l'autre à sainct Jehan le grand de Besanson; sans ceux qui se
pourroyent monstrer ailleurs. Si cela n'est se moquer de la saincte
30 Vierge, je n'entens point que c'est de moquerie. Ilz n'ont point
oblyé l'aneau de ses espousailles. Car ilz l'ont à Peruse. Pource
que maintenant la coustume est que le mary donne un aneau à
sa femme en l'espousant, ilz ont imaginé qu'il se faisoit ainsi
adonc; et sans en faire plus longue inquisition, ont deputé un
35 aneau à cest usaige, beau et riche, ne considerant point la povreté

14 s'entressemblent] 1557 f. s'entresemblent.
30 je n'entens] *after these words the first edition resumes.* n'ont point oblyé] 1557 f.
n'ont point aussi oublié.
34 ont deputé] 1557 f. ils ont deputé.

en laquelle a vescu la saincte Vierge. De ses robbes, ilz en ont à
Rome à sainct Jehan de latran. Item, en l'eglise saincte Barbe.
Item, à saincte Marie sus minerve. Item, en l'eglise sainct Blaise,
et à sainct Salvador en Hespaigne; pour le moins ilz se disent en
avoir de pieces. J'ay bien encores ouy nommer d'autres lieux; 5
mais il ne m'en souvient. Pour monstrer la faulseté en cest endroit,
il ne faudroit que regarder la matiere. Car il leur a semblé advis
qu'il leur estoit aussi facile d'attribuer à la vierge Marie des
vestemens à leur poste, comme de vestir les images ainsi qu'ilz les
vestent. 10

Il reste à parler des images; non point des communes, mais de
celles qui sont en recommandation par dessus les autres, pour
quelque singularité. Or ilz font à croire à sainct Luc, qu'il en
peignit quatre à Rome, au lieu où est maintenant l'eglise de
saincte Marie, qu'ilz appellent inviolata. L'une se monstre là en 15
un oratoire; laquelle il fit, comme ilz disent, à sa devotion, avec
l'aneau duquel sainct Joseph l'avoit espousée. Il s'en monstre à
Rome mesme une autre à saincte Marie la neufve, laquelle ilz
disent avoir esté faicte ainsi par sainct Luc en Troade, et que
depuis elle leur a esté apportée par un Ange. Item, une autre à 20
saincte Marie ara cæli, en telle forme qu'elle estoit aupres de la
croix. Mais à sainct Augustin ilz se vantent d'avoir la principalle.
Car c'est celle, si on les croit, que sainct Luc portoit tousjours
avec soy, jusques à la faire enterrer en son sepulcre. Je vous prie,
quel blaspheme, de faire d'un sainct Evangeliste un idolatre 25
parfaict? Et mesme quelle couleur ont ilz pour persuader que
sainct Luc ayt esté peinctre? S. Paul le nomme bien medecin.
Mais du mestier de peinctre, je ne say où ilz l'ont songé. Et quand
ainsi seroit qu'il s'en fust meslé, il est autant à presumer qu'il eust
voulu peindre la vierge Marie, comme un Juppiter, ou une Venus, 30
ou quelque autre idole. Ce n'estoit pas la façon des Chrestiens
d'avoir des images, et n'a esté long temps apres, jusques à ce que
l'eglise a esté corrompue de superstitions. D'autrepart, tous les
angletz du monde sont pleins des images de la vierge Marie, qu'on
dit qu'il a faict. Comme à Cambray, et de çà de là. Mais en quelle 35
forme? Il y a autant d'honnesteté, comme qui voudroit pourtraire

5 avoir de pieces] 1544 ff. avoir des pieces.
9 comme de vestir] 1557 f. que de vestir.
35 faict] 1557 f. faites.

une femme dissolue. Vela comment Dieu les a aveuglez, qu'ilz n'ont eu consideration non plus que bestes brutes. Combien que je ne m'estonne pas trop de ce qu'ilz ont imputé à sainct Luc d'avoir faict des images de la Vierge; veu qu'ilz ont bien osé

5 imposer le semblable au Prophete Jeremie, tesmoing le Puys en Auvergne. Il seroit temps, ce croy-je, que le povre monde ouvrit les yeux une foys, pour veoir ce qui est tant manifeste. Je laisse à parler de sainct Joseph; dont les uns en ont des pantoffles, comme en l'abbaye sainct Simeon de Trier, les autres ses chausses, comme

10 nous avons desja dit; les autres ses ossemens. Il me suffit de l'exemple que j'ay allegué, pour descouvrir la sotise qui y est.

Je mettray icy sainct Michel, afin qu'il face compagnie à la vierge Marie. On pensera que je me gaudisse en recitant des reliques d'un Ange. Car les joueurs de farces mesmes s'en sont

15 moquez. Mais les Caffars n'ont pas laissé pourtant d'abuser tout à bon escient le povre peuple. Car à Carcassonne ilz se vantent d'en avoir des reliques; et pareillement à sainct Julien de Tours. Au grand sainct Michel, qui est si bien frequenté de pelerins, on monstre son braquemart, qui est comme un poignart à usage de

20 petit enfant; et son bouclier de mesme, qui est comme la bossete du mors d'un cheval. Il n'y a homme ny femme si simple, qui ne puisse juger quelle moquerie c'est. Mais pource que telz mensonges sont couvers soubz ombre de devotion, il semble advis que ce n'est point mal faict de se moquer de Dieu et de ses Anges.

25 Ilz repliqueront que l'Escriture tesmoigne que sainct Michel a combatu contre le Diable. Mais s'il falloit vaincre le Diable à l'espée, il la faudroit plus forte, et de meilleure pointe et de meilleur trenchant que n'est pas ceste là. Sont ilz si bestes, d'imaginer que ce soit une guerre charnelle, qu'ont tant les Anges que les fideles à

30 lencontre des Diables, laquelle se demene par glaive materiel? Mais c'est ce que j'ay dit du commencement, que le monde meritoit bien d'estre seduict en telle bestise, d'autant qu'il estoit

1 Vela] 1557 f. Voila.
6 ouvrit] 1557 f. ouvrist.
13–14 des reliques] 1563 les Reliques.
20–1 la bossete du mors d'un cheval] 1557 f. la bossette d'un mors de cheval.
21 ny femme] 1557 f. ne femme.
28 Sont ilz si bestes] 1544, 1545 Sont ilz bestes.

si pervers de convoiter des idoles et marmosetz pour adorer, au lieu de servir au Dieu vivant.

Pour tenir ordre, il nous faut maintenant traicter de sainct Jehan Baptiste; lequel, selon l'histoire Evangelique, c'est à dire la verité de Dieu, apres avoir esté decollé, fut enterré par ses disciples. Theodorite, chroniqueur ancien de l'Eglise, racompte que son sepulcre estant en Sebaste, ville de Sirie, fut ouvert par les Payens quelque temps apres; et que ses os furent bruslez par iceux, et la cendre esparse en l'air. Combien que Eusebe adjouste, que quelques hommes de Jerusalem survindrent là et en prindrent en cachette quelque peu, qui fut porté en Antioche, et là enterré par Athanaise en une muraille. Touchant de la teste, Sozomenus, un autre chroniqueur, dict qu'elle fut emportée par l'Empereur Theodose aupres de la ville de Constantinoble. Parquoy, selon les histoires anciennes, tout le corps fut bruslé, excepté la teste; et tous les os et les cendres perdues, excepté quelque petite portion que prindrent les hermites de Jerusalem à la desrobée. Voyons maintenant ce qu'il s'en trouve. Ceux d'Amiens se glorifient d'avoir le visage; et en la masque qu'ilz monstrent, il y a la marque d'un coup de cousteau sur l'œil, qu'ilz disent que Herodias luy donna. Mais ceux de sainct Jehan d'Angely contredisent, et monstrent la mesme partie. Quant au reste de la teste, le dessus depuis le front jusques au derriere estoit à Rhodes, et est maintenant à maltes, comme je pense. Au moins les Commandeurs ont faict à croire que le Turc leur avoit rendu. Le derriere est à S. Jehan de Nemours; la cervelle est à Noyan le Rantroux. Nonobstant cela, ceux de sainct Jehan de Morienne ne laissent point d'avoir une partie de la teste; sa machoire ne laisse point à estre à Besanson, à sainct Jehan le grand. Il y en a une autre partie à sainct Jehan de Latran à Paris; et à sainct Flour en Auvergne, un bout de l'aureille. A sainct Salvador en Hespaigne, le front et des cheveux. Il y en a aussi bien quelque lopin à Noyon, qui s'y monstre fort autentiquement. Il y en a semblablement une partie à Lucques, je ne say de quel endroict. Tout cela est-il faict? Qu'on aille à Rome: et au Monastere de sainct Silvestre on oyra dire, Voicy la teste de sainct Jehan Baptiste. Les Poëtes feingnent qu'il y avoit autres

21 contredisent] 1557 f. y contredisent.
25-6 la cervelle] 1563 sa cervelle.
35 ovra] 1557 f. orra.

foys un Roy en Hespaigne nommé Gerion, lequel avoit troys
testes. Si noz forgeurs de reliques en pouvoyent autant dire de
sainct Jehan Baptiste, cela leur viendroit bien à poinct, pour les
ayder à mentir. Mais puis que ceste fable n'a point lieu, comment
5　s'excuseront-ilz? Je ne les veux point presser de si pres, que de leur
demander comment la teste s'est ainsi deschicquetée, pour estre
departie en tant de lieux et si divers; ne comment c'est qu'ilz l'ont
euë de Constantinoble. Seulement, je diz qu'il faudroit que sainct
Jehan eust esté un monstre, ou que ce sont abuseurs effrontez, de
10　monstrer tant de pieces de sa teste.

　　Qui pis est, ceux de Sene se vantent d'en avoir le bras. Ce qui
est repugnant, comme nous avons dict, à toutes les histoires
anciennes. Et neantmoins cest abus non seulement est souffert,
mais aussi approuvé. Comme rien ne se trouve mauvais au royaume
15　de l'Antechrist, moyennant qu'il entretienne le peuple en superstition. Or, ilz ont controuvé une autre fable: c'est que, quand le
corps fut bruslé, que le doigt dont il avoit monstré nostre Seigneur
Jesus Christ demeura entier, sans estre violé. Cela non seulement n'est pas conforme aux histoires anciennes, mais mesme il se
20　peut aisement redarguer par icelles. Car Eusebe et Theodorite
nomméement disent, que le corps estoit desja reduict en os, quand
les Payens le ravirent. Et n'eussent eu garde d'oblier un tel
miracle, s'il en eust esté quelque chose; car ilz ne sont autrement
que trop curieux à en racompter, mesmes de frivoles. Toutesfoys,
25　encores que ainsi fust, oyons un petit où est ce doigt. A Besanson en
l'eglise sainct Jehan le grand, il y en a un. A Thoulouse un autre.
A Lyon un autre. A Bourges un autre. A Flourence un autre. A
sainct Jehan des adventures, pres Mascon, un autre. Je ne diz mot
là dessus; sinon que je prie les lecteurs de ne se point endurcir à
30　lencontre d'un advertissement si clair et si certain, et ne point
fermer les yeux à une telle clairté pour tousjours se laisser
seduire comme en tenebres. Si c'estoyent joueurs de passe passe,
qui nous esblouyssent les yeux tellement qu'il nous semblast advis

　　2 forgeurs de reliques] 1563 forgeurs des Reliques.
　　3–4 les ayder] 1557 f. leur aider.
　　5 veux] 1557 f. vueil.
　11 Qui pis est] 1557 f. Qui plus est.
　21 nomméement] 1557 f. nommément.
　24 mesmes] 1544 ff. mesme.
　31 à une telle clairté] 1563 d'une telle clarté.

qu'il y en eust six, encores aurions nous cest advis, de craindre
d'estre abusez. Or, icy il n'y a nulle subtilité. Il est seulement
question, si nous voulons croire que le doigt sainct Jehan soit à
Flourence; et qu'il soit autrepart en cinq lieux. Autant de Lyon et
de Bourges, et des autres. Ou, pour le dire plus brief: si nous   5
voulons croire que six doigtz ne soyent qu'un, et qu'un seul soit
six. Je ne parle sinon de ce qui est venu à ma notice. Je ne doubte
pas que si on enqueroit plus diligemment, qu'il ne s'en trouvast
encore une demy douzaine ailleurs. Et de la teste, qu'il ne s'en
trouvast encores des pieces qui monteroyent bien la grosseur   10
d'une teste de bœuf, voire outre ce que j'en ay dict. Or, de peur de
ne rien laisser derriere, ilz ont aussi bien faict semblant d'avoir
les cendres, dont il y en a une partie à Genes, l'autre partie à
Rome en l'eglise sainct Jehan de Latran. Or avons nous veu que
la pluspart avoit esté jectée en l'air. Toutesfoys, ilz ne laissent   15
point d'en avoir, comme ilz disent, une bonne portion; et principalement à Genes.

Restent maintenant, apres le corps, les autres apertenances.
Comme un soulier, qui est aux chartreux de Paris, lequel fut
desrobé il y a environ douze ou treize ans; mais incontinent il   20
s'en retrouva un autre de nouveau. Et de faict, tant que l'enge des
cordonniers soit faillie, jamais ilz n'auront faute de telles reliques.
A Rome à sainct Jehan de latran, ilz se vantent d'avoir sa haire,
de laquelle il n'est faict nulle mention en l'Evangile; sinon que
pource qu'il est là parlé qu'il estoit vestu de poilz des chameaux,   25
ilz veulent convertir une robbe en haire. Là mesme, ilz disent
qu'ilz ont l'autel sur lequel il prioit au desert; comme si, de ce
temps là, on eust faict des autelz à tous propos et en chascun lieu.
C'est merveille qu'ilz ne luy font acroire qu'il ayt chanté messe.
En Avignon est l'espée de laquelle il fut decolé; et à Aix en   30
Allemaigne le linceul, lequel fut estendu soubz luy. Je voudroys
bien savoir comment le bourreau estoit si gratieux, que de luy
tapisser le pavé de la prison, quand il le vouloit faire mourir.
N'est-ce pas une sote chose de controuver cela? Mais encores,
comment l'un et l'autre sont ilz venus entre leurs mains? Pensés   35

3 le doigt sainct Jehan] 1557 f. le doigt de sainct Jean.
24 sinon que] 1563 sinon.
25 poilz des chameaux] 1557 f. poils de chameaux.

vous qu'il est bien vray semblable que celuy qui le mist à mort,
fut il un gendarme ou un bourreau, donnast le linceul et son espée
pour en faire une relique? Puis qu'ilz vouloyent faire une telle
garniture de toutes pieces, ilz ont fally de laisser le cousteau de
5 Herodias, dont elle frappa l'œil; tout le sang qui fut respandu, et
mesmes son sepulcre. Mais je pourroye bien aussi errer. Car je ne
say pas si toutes ces bagues sont autre part.

C'est maintenant aux Apostres d'avoir leur tour. Mais pource
que la multitude pourroit engendrer confusion, si je les mettois
10 tous ensemble, nous prendrons sainct Pierre et sainct Paul apart,
puis nous parlerons des autres. Leurs corps sont à Rome, la
moytie en l'eglise sainct Pierre, et l'autre moytie à sainct Paul. Et
disent que sainct Silvestre les poysa, pour les distribuer ainsi en
egales portions. Les deux testes sont aussi à Rome, à sainct Jehan
15 de latran; combien qu'en la mesme eglise il y a une dent de sainct
Pierre apart. Apres tout cela, on ne laisse point d'en avoir des os
par tout. Comme à Poyctiers, on a la maschoire avec la barbe; à
Trier, plusieurs os de l'un et de l'autre; à Argenton en Berry, une
espaule de sainct Paul. Et quand seroit ce faict? Car par tout où il
20 y a eglise qui porte leurs noms, il y en a des reliques. Si on demande
quelles, qu'on se souvienne de la cervelle de sainct Pierre dont
j'ay parlé, qui estoit au grand autel de ceste ville. Tout ainsi qu'on
trouve que c'estoit une pierre d'esponge, ainsi trouveroit on
beaucop d'os de chevaux ou de chiens, qu'on attribue à ces deux
25 Apostres.

Avec les corps il y a suite. A sainct Salvador en Hespaigne ilz en
ont une pantouffle. De la forme et de la matiere, je n'en puis
respondre. Mais il est bien à presumer que c'est une semblable
marchandise que celles qu'ilz ont à Poitiers, lesquelles sont d'un
30 satin broché d'or. Voyla comment on le faict brave apres sa
mort, pour le recompenser de la povreté qu'il a euë sa vie durant.
Pource que les evesques de maintenant sont ainsi mignons, quand
ilz se mettent en leur pontificat, il leur semble advis que ce seroit

2 fut] 1557 f. fust.
4 fally] 1544 ff. failly.
6 mesmes] 1545 ff. mesme.
12 l'eglise sainct Pierre] 1557 f. l'eglise de sainct Pierre.
21 la cervelle de sainct Pierre] 1557 f. la cervelle Sainct Pierre.
23 trouve] 1545 ff. trouva.   pierre d'esponge] 1557 f. pierre de ponce.

derroguer à la dignité des Apostres, si on ne leur en faisoit autant.
Or les peintres peuvent bien contrefaire des marmousetz à leur
plaisir, les dorant et ornant depuis la teste jusques aux piedz;
puis apres leur imposer le nom de S. Pierre ou de sainct Paul.
Mais on sait quel a esté leur estat, pendant qu'ilz ont vescu en   5
ce monde, et qu'ilz n'ont eu autres acoustremens que de povres
gens. Il y a aussi bien à Rome la chaire episcopale de S. Pierre,
avec sa chasuble; comme si de ce temps là les evesques eussent eu
des throsnes pour s'assoir. Mais leur office estoit d'enseigner, de
consoler, d'exhorter en public et en particulier, et monstrer   10
exemple de vraye humilité à leur trouppeau; non point de faire
des idoles, comme font ceux de maintenant. Quand est de la
chasuble, la façon n'estoit point encores venue de se desguiser; car
on ne jouoyt point des farces en l'eglise, comme on faict àpresent.
Ainsi, pour prouver que sainct Pierre eust une chasuble, il   15
faudroit premierement monstrer qu'il auroit faict du basteleur,
comme font noz prestres de maintenant, en voulant servir à Dieu.
Il est vray qu'ilz luy pouvoyent bien donner une chasuble, quand
ilz luy ont assigné un autel. Mais autant a de couleur l'un comme
l'autre. On sait quelles messes on chantoit alors. Les Apostres ont   20
celebré de leur temps simplement la Cene de nostre Seigneur, à
laquelle il n'est point mestier d'avoir un autel. De la messe, on ne
savoit encores quelle beste c'estoit, et ne l'a on pas sceu long
temps apres. On voit bien donc que quand ilz ont inventé leurs
reliques, ilz ne se doubtoyent point de jamais avoir contredisans,   25
veu qu'ilz ont ainsi osé impudemment mentir à bride avallée.
Combien que de cest autel ilz ne conviennent point entre eux.
Car ceux de Rome afferment qu'ilz l'ont, et ceux de Pise le
monstrent aussi bien au faubourg tirant vers la mer. Pour faire
leur profit de tout, ilz n'ont point oblyé le cousteau duquel   30
Malchus eut l'aureille couppée. Comme si c'estoit un joyau digne
de mettre en relique. J'avoye oblié sa crosse, laquelle se monstre à
sainct Estienne des gres à Paris, de laquelle il faut estimer autant
que de l'autel ou de la chasuble. Car c'est une mesme raison. Il y a
un petit plus d'apparence à son bourdon; car il est bien à presumer   35

12-13 Quand est de la chasuble] 1557 f. Quant est de sa chasuble.
18 Il est vray] 1563 Il est bien vray.
29 au faubourg tirant] 1557 f. aux faubourgs, tirans.
33 des gres] 1544 des Grez; 1545 des Grecz; 1557 f. des Grecs.

qu'il pouvoit estre armé de tel baston, allant par les champs. Mais ilz gastent tout, de ne se pouvoir accorder. Car ceux de Colongne se font fortz de l'avoir, et ceux de Trier semblablement. Ainsi, en dementant l'un l'autre, ilz donnent bien occasion qu'on n'adjouste
5 nulle foy à tous deux. Je laisse à parler de la chaisne de sainct Paul, dont il fut lié, laquelle se monstre à Rome en son eglise. Item, du pillier sur lequel sainct Pierre fut martyrisé, lequel est à sainct Anastase. Je laisse seulement à penser aux lecteurs, dont est ce que ceste chaisne a esté prinse, pour en faire une relique.
10 Item, assavoir si en ce temps là on executoit les hommes sur des pilliers.

Nous traicterons en commun de tous les autres Apostres, pour avoir plus tost faict. Et premierement nous racompterons où il y en a des corps entiers, afin que en faisant conference de l'un à
15 l'autre, on juge quel arrest on peut prendre sur leur dire. Chascun sait que la ville de Toulouse en pense avoir six, assavoir: sainct Jaques le majeur, sainct André, sainct Jaques le mineur, sainct Philippe, sainct Simon et sainct Jude. A Padoue est le corps sainct Mathias; à Salerne, le corps sainct Matthieu; à Orthonne, celuy
20 de sainct Thomas; au Royaume de Naples, celuy de sainct Barthelamy. Advisons maintenant lesquelz ont deux corps, ou troys. S. André a un second corps à Melphe; sainct Philippe et sainct Jaques le mineur, chascun aussi un autre à Rome, ad sanctos Apostolos; S. Simon et sainct Jude, aussi bien à Rome, à
25 l'eglise sainct Pierre; Sainct Barthelemy, à Rome en son eglise. En voila desja six qui ont deux corps chascun. Et encores de superabondant, la peau de sainct Barthelemy est à Pise. Toutesfois, sainct Mathias a emporté tous les autres; car il a un corps à Rome à saincte Marie la majeur, et le troysiesme à Trier. Outre
30 cela, encores a il une teste à part et un bras apart, à Rome mesme. Il est vray que les loupins qui sont de sainct André çà et là recompensent à demy. Car à Rome à l'eglise sainct Pierre, il a une teste; en l'eglise sainct Grisogonne une espaule, à sainct Eustace une coste, et au sainct Esprit un bras; à sainct Blaise je ne say quelle

5 Je laisse à parler] 1557 f. Je laisse de parler.
8 dont] 1557 f. d'où.
13 plus tost] 1544 ff. plustost.
19 Orthonne] 1563 Orconne.
24-25 and 32 à Rome à l'eglise] 1544 ff. à Rome en l'eglise.

autre partie; à Aix en Prouvence, un pied. Qui conjoindroit cela
ensemble, ce seroit tantost pour en faire deux quartiers, moyennant qu'on les peut bien proportionner. Or, comme sainct
Barthelemy a laissé la peau à Pise, aussi y a il une main; à Trier il
y en a je ne say quel membre; à Frejus un doigt; à Rome en   5
l'eglise saincte Barbe, d'autres reliques. Ainsi encores n'est il point
des plus povres. Les autres n'en ont pas tant. Toutesfoys chascun
en a encores quelque lopin. Comme sainct Philippe a un pied à
Rome, ad sanctos Apostolos, et à saincte Barbe je ne say quelles
reliques; item plus à Trier. En ces deux dernieres eglises, il a   10
semblablement sainct Jaques pour compagnon: lequel a semblablement une teste en l'eglise sainct Pierre, et un bras à sainct
Grisogonne, et un autre ad sanctos Apostolos. Sainct Matthieu et
sainct Thomas sont demourez les plus povres: car le premier, avec
son corps, n'a sinon quelques os à Trier, un bras à Rome à S.   15
Marcel, et à sainct Nicolas une teste. Sinon que par adventure il
m'en soit eschappé quelque chose, ce qui se pourroit bien faire;
car en tel abysme qui n'y seroit confuz?

Pource qu'ilz trouvent en leurs chroniques que le corps sainct
Jehan l'Evangeliste s'esvanouit incontinent apres qu'on l'eut mis   20
en la fosse, ilz n'ont peu produire de ses ossemens. Mais pour
supplier ce deffaut, ilz se sont ruez sur son baguage. Et premierement, ilz se sont advisez du calice où il beut la poison, estant
condamné par Domitian. Mais pource que deux l'ont voulu avoir,
ou il nous faut croire ce que disent les alchumistes de leur multipli-   25
cation, ou ceux cy avec leur calice se sont moquez du monde.
L'un est à Boulongne, et l'autre à Rome à sainct Jehan de Latran.
Ilz ont puis apres controuvé son hoqueton, et une chaisne dont il
estoit lié, quand on l'amena prisonnier d'Ephese, avec l'oratoire
où il souloit prier estant en la prison. Je voudroys bien savoir s'il   30
avoit lors des menusiers à louage, pour luy faire des oratoires. Item,
quelle familiarité avoyent les Chrestiens avec sa garde, pour

3 peut] 1544 ff. peust.
7 povres. Les autres] 1557 f. povres, car les autres
11–12 semblablement] 1563 pareillement.
18 en tel abysme] *is the 1557 reading; all the earlier editions have* en abisme.
22 supplier] 1557 f. suppleer.
23 où il beut] 1557 f. auquel il beut.
26 ou ceux cy] 1557 f. ou que ceux-cy.
31 des menusiers] 1563 menusiers.

retirer la chaisne et en faire une relique. Ces moqueries sont trop sottes, et fust pour abuser les petis enfans. Mais le joyau le plus ferial est des douze pignes des Apostres, qu'on monstre à nostre Dame de l'Isle sus Lyon. Je pense bien qu'ilz ont esté du com-
5 mencement là mis, pour faire à croire qu'ilz estoyent aux douze Pers de France; mais depuis, leur dignité s'est acreuë, et sont devenuz apostoliques.

Il nous faut d'oresnavant depescher, ou autrement jamais nous ne sortirions de ceste forest. Nous reciterons donc en brief les
10 reliques qu'on a des Sainctz qui ont esté du temps que nostre Seigneur Jesus Christ vivoit; puis, consequemment, des Martyrs anciens et des autres Sainctz. Sur cela les lecteurs auront à juger quelle estime ilz en devront avoir. Saincte Anne, mere de la vierge Marie, a l'un de ses corps à Apt en Provence; l'autre à
15 nostre Dame de l'Isle à Lyon. Outre cela, elle a une teste à Trier; l'autre à Turen en Jullet; l'autre en Turinge, en une ville nommée de son nom. Je laisse les pieces, qui sont en plus de cent lieux; et entre autres, il me souvient que j'en ay baisé une partie en l'Abbaye d'Orcamps prés Noyon, dont on faict grand festin.
20 Finalement, elle a un de ses bras à Rome, en l'eglise sainct Paul. Qu'on prenne fondement là dessus, si on peut.

Il y a puis apres le Lazare, et la Magdaleine sa sœur. Touchant de luy, il n'a que troys corps, que je sache: l'un est à Marseille, l'autre à Authun, le troysiesme à Avalon. Il est vray que ceux
25 d'Authun en ont eu gros procés à lencontre de ceux d'Avalon. Mais apres avoir beaucoup despendu d'argent d'un costé et d'autre, ilz ont tous deux gaigné leur cause; pour le moins, ilz sont demeurez en possession du tiltre. Pource que la Magdaleine estoit femme, il falloit qu'elle fust inferieure à son frere; pourtant elle n'a
30 eu que deux corps; dont l'un est à Veselé pres d'Ausserre, et l'autre, qui est de plus grand renom, à sainct Maximin en Provence, là où la teste est à part, avec son Noli me tangere, qui est un lopin de cire, qu'on pense estre la marque que Jesus Christ luy feit par despit, pource qu'il estoit marry qu'elle le vouloit toucher. Je ne
35 diz pas les reliques qui en sont dispersées par tout le monde, tant de ses os que de ses cheveux. Qui voudroit avoir certitude de tout

---

2 fust pour abuser] 1557 f. fut ce pour abuser.
9 sortirions] 1557 f. sortirons.
28 du tiltre] 1563 de titre.

cela, il s'enquerroit, pour le premier, assavoir si le Lazare et ses deux sœurs Marthe et Magdaleine sont jamais venues en France pour prescher. Car en lisant les histoires anciennes, et en jugeant du tout avec raison, on voit evidemment que c'est la plus sotte fable du monde, et laquelle a autant d'apparence que si on disoit 5 que les nuées sont peaux de veau; et neantmoins ce sont les plus certaines reliques qu'on aye. Mais encores que ainsi fust, il suffisoit d'abuser d'un corps en idolatrie, sans faire d'un diable deux ou troys.

Ilz ont aussi bien canonisé celuy qui perça le costé de nostre 10 Seigneur en la croix, et l'ont appellé sainct Longin. Apres l'avoir baptisé, ilz luy ont donné deux corps, dont l'un est à Mantouë, et l'autre à nostre Dame de l'Isle pres Lyon. Ilz ont faict le semblable des Sages qui vindrent adorer nostre Seigneur Jesus apres sa nativité. Premierement, ilz ont determiné du nombre, disant 15 qu'ilz n'estoyent que trois. Or l'Evangile ne dit pas combien ilz estoyent; et aucuns des Docteurs anciens ont dict qu'ilz estoyent quatorze, comme celuy qui a escrit le commentaire imparfaict sur sainct Matthieu, qu'on intitule de Chrysostome. Apres, au lieu que l'evangile les dit Philosophes, ilz en ont faict des roys à la haste, 20 sans pays et sans subjectz. Finalement ilz les ont baptisez, donnant à l'un nom Balthasar, à l'autre Merchior, et à l'autre Gaspar. Or, que nous leur concedions toutes leurs fables, ainsi frivoles qu'elles sont; il est certain que les sages retournerent au pays d'orient. Car la saincte escriture le dit. Et ne peut on dire 25 autre chose, sinon qu'ilz morurent là. Qui est-ce qui les en a transporté depuis? Et qui est-ce qui les congnoissoit, pour les marquer, afin de faire des reliques de leurs corps? Mais je me deporte, d'autant que c'est folie à moy de redarguer des moqueries tant evidentes. Seulement je dis qu'il faut que ceux de Colongne 30 et ceux de Milan se debatent à qui les aura. Car tous deux

2 sont jamais venues] 1545 f. sont jamais venuz; 1563 ne sont jamais venus.
11–12 Apres l'avoir baptisé] 1557 f. Apres l'avoir ainsi baptizé.
15 Premierement] 1557 f. Et premierement.   disant] 1563 disans.
22 Merchior] 1545 ff. Melchior.
23 Or, que nous] 1557 f. Or encor que nous.
27 transporté] 1544 ff. transportez.
28 faire des reliques] 1557 f. faire ainsi des Reliques.   je me deporte] 1557 f. je m'en deporte.
31 debatent] 1557 f. combatent.

pretendent ensemble de les avoir, ce qui ne se peut faire. Quand leur procés sera vuydé, lors nous adviserons qu'il sera de faire.

Entre les Martyrs anciens, sainct Denis est des plus celebrez. Car on le tient pour un des disciples des Apostres, et le premier 5 evangeliste de France. A cause de ceste dignité on a de ses reliques en plusieurs lieux. Toutesfoys, le corps est demeuré entier seulement en deux: à S. Denis en France, et à Regesbourg en Allemaigne. Pource que les Francois maintenoyent de l'avoir, ceux de Regesbourg en esmeurent le procés à Rome, il y a environ cent 10 ans, et le corps leur fut adjugé par sentence diffinitive, present l'ambassadeur de France, dont ilz ont belle bulle. Qui diroit, à S. Denis pres Paris, que le corps n'est point là, il seroit lapidé. Quiconques voudra contredire qu'il ne soit à Regesbourg, sera tenu pour heretique, d'autant qu'il sera rebelle au S. siege 15 apostolique. Ainsi, le plus expedient sera de ne s'entremettre point en leur querelle. Que ilz se crevent les yeux les uns aux autres, s'ilz veulent; et en ce faisant, qu'ilz ne profitent de rien, sinon pour descouvrir que tout leur cas gist en mensonge.

De sainct Estienne, ilz ont tellement party le corps, qu'il est 20 entier à Rome en son eglise, le chief en Arle, et des os en plus de deux cens lieux. Mais pour monstrer qu'ilz sont des adherans de ceux qui l'ont meurtry, ilz ont canonisé les pierres dont il a esté lapidé. On demandera où c'est qu'on les a peu trouver, et comment ilz les ont euës, de quelles mains, et par quel moyen. Je 25 respons briefvement que ceste demande est folle. Car on sait bien qu'on treuve par tout des cailloux, tellement que la voiture n'en couste guere. A Flourence, en Arle aux augustins, au Vigan en Languedoc, on en monstre. Celuy qui voudra fermer les yeux et l'entendement croira que ce sont les propres pierres dont sainct 30 Estienne fust lapidé. Celuy qui voudra un peu considerer, s'en moquera. Et de faict, les carmes de Poytiers en ont bien trouvé un depuis quatorze ans, auquel ilz ont assigné l'office de delivrer les femmes, lesquelles sont en travail d'enfant. Les Jacopins, ausquelz

3 celebrez] 1544, 1545 celebres.
6 Toutesfoys, le corps] 1557 f. Toutesfois, comme l'on dit, le corps.
7 en deux] 1557 f. en deux lieux.
16 en leur querelle] 1557 f. en leurs querelles.
19 ilz ont] 1557 f. ils en ont.
30 fust] 1557 f. fut.
31–2 trouvé un depuis] 1563 trouvé depuis.

on avoit desrobé une coste de saincte Marguerite, servant à cest usage, leur en ont faict grand noyse, crians contre leur abus. Mais en la fin ilz ont gaigné en tenant bon.

J'avois quasi deliberé de ne parler point des Innocens, pource que, quand j'en aurois assemblé une armée, ilz replicqueront 5 tousjours que cela ne contrevient point à l'histoire, d'autant que le nombre n'en est point deffiny. Je laisse donc à parler de la multitude. Seulement, qu'on note qu'il y en a en toutes les regions du monde. Je demande maintenant, comment c'est qu'on a trouvé leurs sepulcres si long temps apres, veu qu'on ne les tenoit 10 point pour sainctz quand Herode les fit mourir? Apres, quand c'est qu'on les a apportez? Ilz ne me peuvent respondre autre chose, sinon que ce a esté cinq ou six cens ans apres leur mort. Je m'en rapporte aux plux povres idiotz qu'on pourra trouver, si on doit adjouster foy à des choses tant absurdes. Apres, encore qu'il 15 s'en fut trouvé par fortune quelcun, comment se pouvoit il faire qu'on en apporta plusieurs corps en France, en Allemaigne, en Italie, pour les distribuer en des villes tant eslongnées l'une de l'autre? Je laisse donc ceste faulseté pour convaincue du tout.

Pourtant que sainct Laurens est du nombre des anciens 20 Martyrs, nous luy donnerons icy son lieu. Je ne say point que son corps soit en plus d'un lieu, c'est assavoir à Rome, en l'eglise dediée de son nom; il est vray qu'il y a puis apres un vaisseau de sa chair grillée. Item, deux fioles pleines, l'une de son sang, et l'autre de sa gresse. Item, en l'eglise surnommée Palisperne, son 25 bras, et de ses os; et à sainct Silvestre, d'autres reliques; mais si on vouloit amasser tous les ossemens qui s'en monstrent seulement en France, il y en auroit pour former deux corps, au long et au large. Il y a puis apres la grille sur laquelle il fut rosty; combien que l'eglise qu'on surnomme Palisperne se vante d'en avoir une piece. 30 Or, pour la grille, encores la laisseroys-je passer; mais ilz ont d'autres reliques trop feriales, dont il ne m'est point licite de me taire: comme des charbons qu'on monstre à sainct Eustache. Item, une serviette dont l'Ange torcha son corps. Puis qu'ilz ont prins le loisir de songer telles resveries pour abuser le monde, que ceux qui 35

---

3 ne parler point des Innocens] 1557 f. ne parler des Innocens.
16 fut] 1544 ff. fust.   comment] 1563 comme.
17 apporta] 1545 ff. apportast.
32 dont] 1557 f. desquelles.

verront cest advertissement prennent aussi le loisir de penser à
eux, pour se garder de n'estre plus ainsi moquez. D'une mesme
forge est sortie sa tunique, qu'on monstre à Rome mesme, en
l'eglise saincte Barbe. Pource qu'ilz ont ouy dire que sainct
5 Laurens estoit Diacre, ilz ont pensé qu'il devoit avoir les mesmes
acoustremens dont leurs Diacres se desguisent, en jouant leur
personnage à la messe. Mais c'estoit bien un autre office de ce
temps là, en l'Eglise Chrestienne, que ce n'est à present à la
Papauté: c'estoyent les commis, ou deputez, à distribuer les aumos-
10 nes, et non point basteleurs pour jouer des farces. Ainsi ilz n'avoyent que faire de tuniques, ne d'almatiques, ne autres habitz de
folz pour se desguiser.

Nous adjousterons à sainct Laurens, sainct Gervaise et sainct
Protaise, desquelz le sepulcre fut trouvé à Milan du temps de
15 sainct Ambroise, comme luy mesme le testifie; pareillement S.
Hierome et sainct Augustin et plusieurs autres. Ainsi, la ville de
Milan maintient qu'elle en a encore les corps. Nonobstant cela,
ilz sont à Brisac en Allemaigne, et à Besanson en l'eglise parrochialle de sainct Pierre; sans les pieces infinies qui sont esparses
20 en diverses eglises, tellement qu'il faut necessairement que chascun
ayt eu quatre corps pour le moins, ou qu'on jecte aux champs tous
les os qui s'en monstrent à faulses enseignes.

Pource qu'ilz ont donné à sainct Sebastien l'office de guerir de
la peste, cela a faict qu'il a esté plus requis, et que chascun a plus
25 appeté de l'avoir. Ce credit l'a faict multiplier en quatre corps
entiers, dont l'un est à Rome à sainct Laurens, l'autre à Soyssons,
le troysiesme à Piligny pres Nantes, le quatriesme pres de Nar-
bonne, au lieu de sa nativité. En outre, il a deux testes: l'une à
sainct Pierre de Rome, et l'autre aux Jacopins de Thoulouse. Il est
30 vray qu'elles sont creuses, si on se rapporte aux Cordeliers d'Angiers,
lesquelz se disent en avoir la cervelle. Item plus, les Jacopins
d'Angiers en ont un bras: il y en a un autre à sainct Sernin de
Thoulouse; un autre à la chase Dieu en Auvergne, et un autre à

---

1 prennent aussi le loisir] 1544 ff. prennent aussi loisir.
8–9 à la Papauté] 1557 f. en la Papauté.
11 d'almatiques] 1557 f. dalmatiques.
16 Hierome et sainct Augustin] 1544 ff. Hierosme, sainct Augustin.   Ainsi]
   1557 f. Et ainsi.
30 on se rapporte] 1557 f. on s'en rapporte.

Montbrison en forest; sans les menuz loupins qui en sont en plusieurs eglises. Mais quand on aura bien contrepoisé, qu'on divine où est le corps de sainct Sebastien. Mesme ilz n'ont pas esté contens de tout cela, s'ilz ne faisoyent aussi bien des reliques des fleches dont il fut tiré; desquelles ilz en monstrent une à Lambesc 5 en Provence, une à Poytiers aux Augustins, et les autres par cy par là. Par cela voit on bien qu'ilz ont pensé de ne jamais rendre compte de leurs tromperies.

Une semblable raison a vallu à S. Anthoine, pour luy multiplier ses reliques. Car d'autant que c'est un sainct coleré et dangereux, 10 comme ilz le feignent, lequel brusle ceux à qui il se courrouce: par ceste opinion il se faict craindre et redoubter. La crainte a engendré devotion, laquelle a aiguisé l'appetit pour faire desirer d'avoir son corps, à cause du proffit. Parquoy, la ville d'Arles en a eu grand combat et long, contre les Anthoniens de Vienois; mais 15 l'issue n'en a esté autre qu'elle a accoustumé d'estre en telle matiere, c'est à dire que tout est demeuré en confuz. Car si on vouloit liquider la verité, nulle des parties n'auroit bonne cause. Avec ces deux corps, il a un genoil aux Augustins d'Alby; à Bourg, à Mascon, à Dijon, à Chalons, à Ouroux, à Besanson, des 20 reliques de divers membres; sans ce qu'en portent les questeurs, qui n'est point petite quantité. Voyla que c'est d'avoir le bruit d'estre mauvais. Car sans cela, le bon S. fust demeuré en sa fosse, ou en quelque coing, sans qu'on en eust tenu compte.

J'avoys oblié saincte Petronelle, la fille de sainct Pierre, 25 laquelle a son corps entier à Rome en l'eglise de son pere. Item plus, des reliques à part à saincte Barbe; mais elle ne laisse point pourtant d'en avoir un autre au Mans, au Couvent des Jacopins; lequel est là tenu en grande solennité, pource qu'il guarit des fievres. D'autant qu'il y a eu plusieurs sainctes nommées Susannes, 30 je ne say pas bonnement si leur intention a esté de redoubler le corps d'une; mais tant y a qu'il y a un corps de saincte Susanne à Rome, en l'eglise dediée de son nom, et un autre à Thoulouse. Saincte Heleine n'a pas esté si heureuse. Car outre son corps qui est à Venise, elle n'a gaigné de superabondant qu'une teste, 35 laquelle est à sainct Gerion de Coulongne. Saincte Ursule l'a surmontée en ceste partie: son corps, premierement, est à sainct

3 divine] 1544 ff. devine.
10 coleré] 1544 ff. colere.

Jehan d'Angely; elle a puis apres une teste à Couloigne, une portion aux Jacopins du Mans, une autre aux Jacopins de Tours, l'autre à Bergerat. De ses compaignes, qu'on appelle les unze mille Vierges, on en a bien peu avoir par tout. Et de faict, ilz se
5 sont bien aydez de cela, pour oser mentir plus librement. Car outre cent charretées d'ossemens, qui sont à Coulongne, il n'y a à grand peine ville en toute l'Europe, qui n'en soit remparée, ou en une eglise, ou en plusieurs.

   Si je acommençoye à faire les monstres des sainctz vulgaires,
10 j'entreroye en une forest dont je ne trouveroys jamais issue. Parquoy je me contenteray d'alleguer quelques exemples en passant, dont on pourra faire jugement de tout le reste. A Poyctiers, il y a deux eglises qui se combatent du corps sainct Hylaire, assavoir les chanoines de son eglise, et les moynes de la Selle. Le procés en est
15 pendant au crochet, jusques à ce qu'on en face visitation. Cependant, les idolatres seront contrainctz d'adorer deux corps d'un homme; les fideles laisseront reposer le corps, où qu'il soit, sans s'en soucier. De S. Honorat, son corps est en Arles, et aussi bien à Lisle de Lyrins, pres antibou. Sainct Gilles a l'un de ses corps à
20 Toulouse, et l'autre à une ville de languedoc, laquelle porte son nom. Sainct Guillaume est en une abbaye de languedoc, nommée sainct Guillaume du desert; et en une ville d'aussoy, nommée Ecrichen, avec la teste apart; combien qu'il ayt une autre teste au faubourg de Turen en Jullet, en l'abbaye des Guillermites. Que
25 diray-je de sainct Saphorin ou simphorien, lequel est en tant de lieux, en corps et en os? Pareillement de sainct loup, qui est à Ausserre, à Senes, à Lyon, et faisoit on à croire qu'il estoit à Geneve? Autant de sainct Ferreot, qui est tout entier à Usez en languedoc, et à Briende en Auvergne. Aumoins qu'ilz fissent
30 quelques bonnes transactions ensemble, pour ne point tant descouvrir leurs mensonges; comme ont faict les chanoines de Trier avec ceux du Liege, touchant la teste de sainct Lambert. Car ilz ont composé à quelque somme d'argent, pour l'interest des offrandes, de ne la monstrer publiquement, de peur qu'on ne
35 s'estonnast de l'avoir en deux villes tant voisines. Mais c'est ce que

13 du corps sainct Hylaire] 1544 ff. du corps de sainct Hylaire.
19 Lisle] 1544 ff. l'Isle.
29 Briende] 1557 f. Brieude.
35 de l'avoir] 1557 f. de la voir.

j'ay dit du commencement: ilz n'ont point pensé d'avoir jamais un contrerolleur qui osast ouvrir la bouche, pour remonstrer leur impudence.

On me pourroit demander comment ces bastisseurs de reliques, veu qu'ilz ont ainsi amassé sans propoz tout ce qui leur venoit en la teste, et en soufflant ont forgé tout ce qu'il leur plaisoit, ont laissé derriere les choses notables du vieil Testament? A cela je ne sauroys que respondre, sinon qu'ilz les ont mesprisées, pource qu'ilz n'esperoyent point d'en avoir grand proffit; combien qu'ilz ne les ont du tout obliées. Car à Rome, ilz se disent avoir des os d'Abraham, d'Isaac, et de Jacob, à saincte Marie supra Minervam. A S. Jehan de Latran, ilz se vantent d'avoir l'Arche de l'alliance, avec la verge d'Aaron. Et neantmoins ceste verge est aussi bien à la saincte chappelle de Paris; et ceux de sainct Salvador en Hespaigne en ont quelque piece. Outre cela, ceux de Bordeaux maintiennent que la verge de S. Martial, qui se monstre là en l'eglise de S. Severin, est celle mesme de Aaron. Il semble advis qu'ilz ayent volu faire un miracle nouveau à l'envie de Dieu. Car comme ceste verge fut convertie en serpent par la vertu d'iceluy, aussi maintenant ilz l'ont convertie en troys verges. Il peut bien estre qu'ilz ont beaucop d'autres manicles de l'ancien Testament; mais il suffit d'en avoir touché ce mot là, pour monstrer qu'ilz se sont portez aussi loyallement en cest endroict, qu'en tout le reste.

Je prie maintenant les lecteurs d'avoir souvenance de ce que j'ay dit du commencement: c'est que je n'ay pas eu des commissaires, pour visiter les sacristies de tous les pays dont j'ay faict par cy dessus mention. Pourtant il ne faut point prendre ce que j'ay dit des reliques, comme un registre ou inventoire entier de ce qui s'en pourroit trouver. Je n'ay nommé d'Allemaigne qu'environ demy douzeine de villes. Je n'en ay nommé d'Hespaigne que trois, que je sache; d'Italie, environ une quinzaine; de France, de trente à quarante; et de celles là encores n'ay-je pas tout ce qui en est. Que chascun donc face conjecture en soy mesme, quel tripotaige ce seroit, si on mettoit par ordre la multitude des reliques qui sont par toute la chrestienté. Je dis seulement des pais qui nous sont

18 un miracle nouveau] 1544 ff. miracle nouveau.
25 les lecteurs] 1557 f. le Lecteur.
33 n'ay-je pas tout] 1557 f. n'ay-je pas dit tout.

congneuz, et où nous hantons. Car le principal est de noter que toutes les reliques qu'on monstre de Jesus Christ par deça, et des Prophetes, on les trouvera aussi bien en Grece, et en Asie, et aux autres regions où il y a des eglises chrestiennes. Or je demande
5 maintenant, quand les chrestiens de l'eglise orientale disent que tout ce que nous en pensons avoir est par devers eux, quelle resolution pourra on prendre là dessus? Si on leur contredit, allegant que un tel corps sainct fut apporté par des marchans, l'autre par des moynes, l'autre par un evesque; une partie de la
10 couronne d'espines fut envoyée à un Roy de France par l'empereur de Constantinoble, l'autre conquise par guerre, et ainsi de chascune piece; ilz hocheront la teste en se moquant. Comment vuydera on ces querelles? Car, en cause doubteuse, il faudra juger par conjectures. Or en ce faisant, ilz gaigneront tousjours. Car ce
15 qu'ilz ont à dire de leur costé est plus vray semblable que tout ce qu'on pourra pretendre du costé de par deça. C'est un poinct fascheux à demesler pour ceux qui voudront defendre les reliques.

Pour faire fin, je prie et exhorte au Nom de Dieu tous lecteurs, de vouloir entendre à la verité, pendant qu'elle leur est tant
20 ouvertement monstrée, et congnoistre que cela s'est faict par une singuliere providence de Dieu, que ceux qui ont voulu ainsi seduire le povre monde ont esté tant aveuglez, qu'ilz n'ont point pensé à couvrir autrement leurs mensonges; mais comme Madianites, ayans les yeux crevez, se sont dressez les uns contre les
25 autres. Comme nous voyons qu'ilz se font euxmesmes la guerre, et se dementent mutuellement. Quiconques ne se voudra point endurcir, pour repugner à toute raison à son escient, encor qu'il ne soit pas pleinement instruict que c'est une idolatrie execrable d'adorer relique aucune, quelle qu'elle soit, vraye ou faulse:
30 neantmoins, voyant la faulseté tant evidente, n'aura jamais le courage d'en baiser une seule; et quelque devotion qu'il ayt eu auparavant, il en sera entierement degousté.

Le principal seroit bien, comme j'ay du commencement dit, d'abolir entre nous Chrestiens ceste superstition payenne, de
35 canoniser les reliques, tant de Jesus Christ que de ses sainctz, pour en faire des idoles. Ceste facon de faire est une pollution et ordure, qu'on ne devroit nullement tolerer en l'Eglise. Nous avons desja remonstré par raisons et tesmoignages de l'Escriture, qu'ainsi est.

31 qu'il ayt eu] 1557 f. qu'il y ait eu.

Si quelqu'un n'est content de cela, qu'il regarde l'usage des peres
anciens, afin de se conformer à leurs exemples. Il y a eu beaucoup
de saincts Patriarches, beaucoup de Prophetes, de sainctz Roys et
autres fideles en l'ancien Testament. Dieu avoit ordonné plus de
ceremonies de ce temps là que nous n'en devons avoir. Mesme la 5
sepulture se devoit faire en plus grand appareil que maintenant,
pour representer par figures la resurrection glorieuse, d'autant
qu'elle n'estoit pas si clerement revelée de parolle comme nous
l'avons. Lisons nous qu'on ayt tiré lors les sainctz de leurs sepulcres, pour en faire des pouppées? Abraham, Pere de tous fideles, a 10
il jamais esté eslevé? Sara aussi, princesse en l'Eglise de DIEU, a
elle esté retirée de sa fosse? Ne les a on pas laissé avec tous les
autres sainctz, à repos? Qui plus est, le corps de Moyse n'a il pas
esté caché par le vouloir de DIEU, sans que jamais on l'ayt peu
trouver? Le Diable n'en a il pas debattu contre les Anges, comme 15
dict sainct Jude? Pourquoy est-ce que nostre Seigneur l'a osté de la
veuë des hommes, et que le Diable le y a voulu remettre? C'est
comme chascun confesse, que Dieu a voulu oster à son peuple
d'Israel occasion d'idolatrie; le Diable, au contraire, l'a voulu
establir. Mais le peuple d'Israel, dira quelqu'un, estoit enclin à 20
superstition. Je demande que c'est de nous? N'y a-il pas, sans
comparaison, plus de perversité entre les Chrestiens en cest
endroict, qu'il n'y eut jamais entre les Juifz? Advisons ce qui a esté
faict en l'Eglise ancienne. Il est vray que les fideles ont tousjours
mis peine de retirer les corps des Martyrs, afin qu'ilz ne fussent 25
mangez des bestes et des oyseaux, et les ont ensevelis honestement.
Comme nous lisons et de sainct Jehan Baptiste et de sainct
Estienne. Mais c'estoit en la fin les mettre en terre, pour les
laisser là jusques au jour de la resurrection, et non pas les colloquer
en veuë des hommes, pour s'agenouiller devant. Jamais ceste 30
malheureuse pompe de les canonizer n'a esté introduicte en
l'Eglise, jusques à ce que tout a esté perverty et comme profané:
partie par la bestise des Prelatz et Pasteurs; partie par leur
avarice; partie qu'ilz ne pouvoyent resister à la coustume, depuis

7 figures] 1557 f. figure.
9 tiré lors] 1557 f. tiré hors.
12 laissé] 1544 ff. laissez.
17 le Diable le y a voulu remettre] 1557 f. le diable l'y voulut remettre.
28 en la fin les mettre] 1557 f. afin de les mettre.

qu'elle estoit receuë. Et aussi que le peuple cherchoit d'estre abusé, s'adonnant plustost à folies pueriles, qu'à la vraye adoration de Dieu. Pourtant, ce qui a esté mal commencé, et mis sus contre toute raison, devroit estre totallement abbatu, qui voudroit

5 droictement corriger l'abus. Mais si on ne peut venir du premier coup à ceste intelligence, pour le moins que de l'un on vienne à l'autre, et qu'on ouvre les yeux, pour discerner quelles sont les reliques qu'on presente. Or, cela n'est pas difficile à voir à quiconques y voudra entendre. Car entre tant de mensonges si patens,

10 comme je les ay produictz, où est-ce qu'on choisira une vraye relique, de laquelle on se puisse tenir certain? D'avantage, ce n'est rien de ce que j'en ay touché, aupris de ce qui en reste. Mesme ce pendant qu'on imprimoit ce livret, on m'a adverty d'un troysiesme Prepuce de nostre Seigneur, qui se monstre à Hyldesheym, dont je

15 n'avoye faict nulle mention. Il y en a une infinité de semblables. Finalement, la visitation descouvriroit encores cent fois plus que tout ce qui s'en peut dire. Ainsi, que chascun à son endroit s'advise de ne se laisser à son escient traisner comme une beste, pour errer à travers champs, sans qu'il puisse appercevoir ne voye,

20 ne sentier, pour avoir quelque seure adresse. Il me souvient de ce que j'ay veu faire aux marmousetz de nostre parroisse, estant petit enfant. Quand la feste de sainct Estienne venoit, on paroit aussi bien de chappeaux et afficquez les images des tyrans qui le lapidoient (car ainsi les appelle on en commun language) comme

25 la sienne. Les povres femmes, voyant les tyrans ainsi en ordre, les prenoyent pour compagnons du sainct, et chascun avoit sa chandelle. Qui plus est, cela se faisoit bien au Diable sainct Michel. Ainsi en est il des reliques. Tout y est si brouillé et confus, qu'on ne sauroit adorer les os d'un martyr, que on ne soit en

30 dangier d'adorer les os de quelque Brigand ou Larron, ou bien d'un asne, ou d'un chien, ou d'un cheval. On ne sauroit adorer un aneau de nostre Dame, ou un sien pigne ou ceincture, qu'on ne soit en danger d'adorer les bagues de quelque paillarde. Pourtant, se garde du dangier qui voudra. Car nul doresnavant ne pourra

35 pretendre excuse d'ignorance.

13 on m'a adverty] 1545 on me advertit.

Sainct Paul au troysiesme chapitre de la seconde aux Thessaloniciens:

Celuy qui ne veut point honorer le createur, qui est beneit eternellement, c'est une juste vengence de Dieu qu'il serve aux creatures. Et celuy qui ne veut obeir à la verité, c'est raison qu'il soit subject au mensonge. 5

FIN.

---

1 troysiesme] 1544, 1545 second. *The* 1557 *and* 1563 *editions omit the entire reference and quotation.*

PETIT TRAICTÉ

DE LA SAINCTE CENE DE NOSTRE SEIGNEUR JESUS CHRIST.

Auquel est demonstrée la vraye institution,
profit et utilité d'icelle.
Ensemble, la cause pourquoy plusieurs des Modernes
semblent en avoir escrit diversement.

M. D. XLII

Dizain.

Jeunes et vieux si vous voulez apprendre
Entierement où gist nostre salut,
Avec doulceur je vous supply d'entendre,
Ne vous troublant par erreur dissolut:
C'est en Jesus qui ce ordonner voulut,
Apres avoir avec les siens souppé,
Leur remonstrant que l'esprit occupé
Veult, et ne peult les faictz de Dieu scavoir:
Il nous fault donc (tout desir extirpé)
Nous rendre à luy pour ce bien percevoir.

Pource que le sainct Sacrement de la Cene de nostre Seigneur Jesus a esté long temps embrouillé de plusieurs grands erreurs, et ces années passées a encores esté de nouveau enveloppé de diverses opinions et disputes contentieuses, ce n'est pas de merveilles si beaucoup de consciences infirmes ne se peuvent bonnement 5 resouldre de ce qu'elles en doyvent tenir, mais demeurent en doubte et perplexité, en attendant que, toutes contentions laissées, les serviteurs de DIEU en viennent à quelque concorde. Toutesfois, pource que c'est une chose fort perilleuse que de n'avoir nulle certitude de ce mystere, duquel l'intelligence est tant requise à 10 nostre salut, j'ay pensé que ce seroit un labeur tresutile que de traicter briefvement, et neantmoins clairement desduire, la somme principale de ce qu'il en fault scavoir. Et aussi veu qu'aucuns bons personnages, considerans la necessité qui en estoit, m'en ont requis; lesquelz je n'ay peu refuser sans contrevenir à mon devoir. 15

Mais afin de nous bien depescher de toute difficulté, il est expedient de noter l'ordre que j'ay deliberé de suyvre. Premiere-ment doncques, nous exposerons à quelle fin et pour quelle raison le Seigneur nous a institué ce sainct Sacrement. Secondement, quel fruict et utilité nous en recevons: où il sera pareillement declairé 20 comment le corps de Jesus Christ nous y est donné. Puis apres, quel en est l'usage legitime. Quartement, nous reciterons de quelz erreurs et superstitions il a esté contaminé: où il sera monstré quel different doyvent avoir les serviteurs de Dieu d'avec les Papistes. Pour le dernier poinct, nous dirons quelle a esté la source de la 25 contention, laquelle a esté tant aigrement debatue, mesme entre ceux qui ont de nostre temps remis l'Evangile en lumiere, et se sont employez pour droictement edifier l'Eglise en saine doctrine.

Quant est du premier article: Puis qu'il a pleu à nostre bon Dieu de nous recevoir par le Baptesme en son Eglise, qui est sa 30 Maison, laquelle il veult entretenir et gouverner; et qu'il nous a receuz, non seulement pour nous avoir comme ses domestiques, mais comme ses propres enfans; il reste que pour faire l'office d'un bon pere, il nous nourrisse et pourvoye de tout ce qui nous est

necessaire à vivre. Car de la nourriture corporelle, pource qu'elle est commune à tous, et que les mauvais en ont leur part comme les bons, elle n'est pas propre à sa famille. Bien est vray que nous avons desja en cela un tesmoignage de sa bonté paternelle, de ce
5 qu'il nous entretient selon le corps; veu que nous participons à tous les biens qu'il nous donne avecques sa benediction. Mais tout ainsi que la vie, en laquelle il nous a regenerez, est spirituelle, aussi fault il que la viande, pour nous conserver et confermer en icelle, soit spirituelle. Car nous devons entendre que non seulement il
10 nous a appellez à posseder une fois son Heritage Celeste, mais que par esperance il nous a desja aucunement introduictz en ceste possession; que non seulement il nous a promis la vie, mais nous a desja transferez en icelle, nous retirant de la mort. C'est quand, en nous adoptant pour ses enfans, il nous a regenerez par la semence
15 d'immortalité, qui est sa Parolle, imprimee en noz cœurs par son S. Esprit.

Pour nous sustenter donques en ceste vie, il n'est pas question de repaistre noz ventres de viandes corruptibles et caduques; mais de nourrir noz ames de pasture meilleure et plus precieuse. Or
20 toute l'Escriture nous dit que le pain spirituel, dont noz ames sont entretenues, est la mesme Parolle, par laquelle le Seigneur nous a regenerez; mais elle adjouste quant et quant la raison, d'autant qu'en icelle Jesus Christ, nostre vie unique, nous est donné et administré. Car il ne fault pas estimer qu'il y ait vie ailleurs qu'en
25 Dieu. Mais tout ainsi que Dieu a constitué toute plenitude de vie en Jesus, afin de nous la communiquer par son moyen; aussi il a ordonné sa Parolle comme instrument, par lequel Jesus Christ, avec toutes ses graces, nous soit dispensé. Cependant, cela demeure tousjours vray, que noz ames n'ont nulle autre pasture
30 que Jesus Christ. Pourtant le Pere Celeste, ayant la solicitude de nous nourrir, ne nous en donne point d'autre; mais plustost nous recommande de prendre là tout nostre contentement, comme en une refection pleinement suffisante, de laquelle nous ne nous pouvons passer; et oultre laquelle il ne s'en peult trouver nulle
35 autre.

Nous avons desja veu comment Jesus Christ est la seule viande dont noz ames sont nourries; mais pource qu'il nous est distribué par la Parolle du Seigneur, laquelle il a destinée à cela, comme instrument, qu'elle est aussi appellée pain et eaue. Or, ce qui est dict de la Parolle, il appartient aussi bien au Sacrement de la Cene, par le moyen duquel le Seigneur nous meine à la communication de Jesus Christ. Car d'autant que nous sommes si imbecilles, que nous ne le pouvons pas recevoir en vraye fiance de cœur, quand il nous est presenté par simple doctrine et predication, le Pere de 5 misericorde, ne desdaignant point condescendre en cest endroict à nostre infirmité, a bien voulu adjouster avecques sa Parolle un signe visible, par lequel il representast la substance de ses promesses, pour nous confermer et fortifier, en nous delivrant de toute doubte et incertitude. Puis donque que c'est un mystere tant 10 hault et incomprehensible, de dire que nous ayons communication au corps et au sang de Jesus Christ, et que de nostre part nous sommes tant rudes et grossiers, que nous ne pouvons entendre les moindres choses de Dieu, il estoit de mestier qu'il nous feust donné à entendre, selon que nostre capacité le pouvoit porter. 15 Pour ceste cause, le Seigneur nous a institué sa Cene, afin de signer et seeler en noz consciences les promesses contenues en son Evangile, touchant de nous faire participans de son corps et de son sang; et nous donner certitude et asseurance qu'en cela gist nostre vraye nourriture spirituelle, à ce qu'ayant une telle arre, nous 20 concepvions droicte fiance de salut. Secondement, afin de nous exerciter à recongnoistre sa grande bonté sur nous, pour la louër et magnifier plus amplement. Tiercement, afin de nous exhorter à toute saincteté et innocence, entant que nous sommes membres de Jesus Christ; et singulierement à union et charité fraternelle, 25 comme elle nous y est en special recommandée. Quand nous aurons bien noté ces trois raisons, que le Seigneur a regardées en nous ordonnant sa Cene, nous aurons desja une entrée à bien entendre, et quel profit nous en revient, et quel est nostre office pour droictement en user. 30

Il est donc temps de venir au deuxiesme point: assavoir, de monstrer combien la Cene du Seigneur nous est profitable, moyennant que nous en facions bien nostre profit. Or nous congnoistrons l'utilité, en reputant nostre indigence, à laquelle elle subvient. Il est necessaire que nous soyons en merveilleux 35 trouble et tourment de conscience, cependant que nous regardons

20 ayant] 1545 f. ayans.
26 en special] 1545 en especial.
31 deuxiesme] 1541 troisiesme.

qui nous sommes, et examinons ce qui est en nous. Car il n'y a
celuy de nous qui puisse trouver un seul grain de justice en soy;
mais au contraire, nous sommes tous pleins de peché et iniquité,
tellement qu'il ne fault point autre partie pour nous accuser que
5 nostre conscience, n'autre juge pour nous condamner. Il s'ensuit
donques que l'ire de Dieu nous est appareillée, et qu'il n'y a nul
qui puisse eschapper de la mort eternelle. Si nous ne sommes
endormis et stupides, il fault que ceste horrible cogitation nous
soit comme une gehenne perpetuelle, pour nous vexer et tourmen-
10 ter. Car le Jugement de Dieu ne nous peult venir en memoire, que
nous ne voyons nostre condamnation s'en ensuyvre. Nous sommes
donc desja au gouffre de la mort, sinon que nostre bon Dieu nous
en retire. D'advantage, quelle esperance de resurrection pouvons
nous avoir, en considerant nostre chair, qui n'est que pourriture et
15 vermine? Ainsi, tant selon l'ame que selon le corps, nous sommes
plus que miserables, si nous demourons en nousmesmes; et ne se
peult faire que nous n'ayons une grande tristesse et angoisse du
sentiment d'une telle misere. Or le Pere celeste, pour subvenir à
cela, nous donne la Cene comme un miroir, auquel nous con-
20 templions nostre Seigneur Jesus crucifié, pour abolir noz faultes
et offences, et ressuscité, pour nous delivrer de corruption et de
mort, nous restituant en immortalité celeste. Voila donc une
singuliere consolation que nous recevons de la Cene, qu'elle nous
dirige et meine à la croix de Jesus Christ et à sa resurrection, pour
25 nous certifier que quelque iniquité qu'il y ait en nous, le Seigneur
ne laisse pas de nous recongnoistre et accepter pour justes; quelque
matiere de mort qu'il y ait en nous, il ne laisse pas de nous vivifier;
quelque mal-heureté que nous ayons, il ne laisse pas de nous
remplir de toute felicité.

30 Ou pour declairer plus facilement ce qui en est, comme ainsi
soit que de nousmesmes nous defaillions en tout bien, et que nous
n'ayons une seule goutte des choses qui nous doyvent aider à salut,
elle nous rend tesmoignage, qu'estans faictz participans de la mort
et passion de Jesus Christ, nous avons tout ce qui nous est utile et
35 salutaire. Pourtant, nous pouvons dire que le Seigneur nous y
desploye tous les Thresors de ses graces spirituelles, entant qu'il
nous fait compagnons de tous les biens et richesses de nostre
Seigneur Jesus. Qu'il nous souvienne doncques que la Cene nous est

15 nous sommes] 1541 nous ne sommes.

donnée comme un miroir, auquel nous puissions contempler Jesus
Christ crucifié pour nous delivrer de damnation; et ressuscité
pour nous acquerir justice et vie eternelle. Bien est vray que ceste
mesme grace nous est offerte par l'Evangile; toutesfois, pource
qu'en la Cene nous en avons plus ample certitude et pleine 5
jouissance, c'est à bon droict que nous recongnoissons un tel
fruict nous en venir.

Mais pource que les biens de Jesus Christ ne nous appartiennent
de rien, sinon que premierement il soit nostre, il fault qu'en
premier lieu il nous soit donné en la Cene, à ce que les choses 10
que nous avons dictes soyent vrayement acomplies en nous. Pour
ceste cause j'ay coustume de dire, que la matiere et substance des
Sacremens, c'est le Seigneur Jesus; l'efficace, sont les graces et
benedictions que nous avons par son moyen. Or, l'efficace de la
Cene est de nous confermer la reconciliation que nous avons avec 15
Dieu, par sa mort et passion; le lavement de noz ames que nous
avons en l'effusion de son sang; la justice que nous avons en son
obeissance: brief, l'esperance de salut que nous avons en tout ce
qu'il a faict pour nous. Il fault doncques que la substance soit
conjoincte avecques, ou autrement il n'y auroit rien de ferme ne 20
certain. De cela nous avons à conclurre que deux choses nous sont
presentées en la Cene: assavoir JESUS CHRIST, comme source
et matiere de tout bien; puis apres, le fruict et efficace de sa mort
et passion. Ce qu'emportent aussi les parolles qui nous y sont
dictes. Car en nous commandant de manger son corps et boire son 25
sang, il adjouste que son corps a esté livré pour nous, et son sang
espandu pour la remission de noz pechez. Enquoy il denote
premierement que nous ne devons pas simplement communiquer à
son corps et à son sang, sans autre consideration; mais pour
recevoir le fruict qui nous vient de sa mort et passion. D'autrepart, 30
que nous ne pouvons parvenir à la jouyssance d'un tel fruict qu'en
participant à son corps et son sang, dont il nous a esté produict.
Nous commenceons desja à entrer en ceste question tant debattue,
et anciennement, et au temps present, comment se doyvent
entendre ces parolles, où le pain est appellé corps de Jesus Christ, 35
et le vin son sang. Laquelle se pourra vuider sans grande difficulté,
si nous retenons bien le principe que j'ay n'aguere mis. C'est que
toute l'utilité que nous devons chercher en la Cene est aneantie,

37 n'aguere] 1545 f. n'a gueres.

sinon que Jesus Christ nous y soit donné comme substance et
fondement de tout. Cela resolu, nous confesserons sans doubte que
de nier la vraye communication de Jesus Christ nous estre
presentée en la Cene, c'est rendre ce sainct Sacrement frivole et
5 inutile, qui est un blaspheme execrable et indigne d'estre escouté.
D'advantage, si la raison de communiquer à Jesus Christ est afin
que nous ayons part et portion en toutes les graces qu'il nous a
acquises par sa mort, il n'est pas seulement question que nous
soyons participans de son Esprit; mais il nous fault aussi participer
10 à son humanité, en laquelle il a rendu toute obeissance à Dieu son
Pere, pour satisfaire de noz debtes. Combien, à proprement parler,
que l'un ne se puisse faire sans l'autre. Car quand il se donne à
nous, c'est afin que nous le possedions entierement. Pour ceste
cause, comme il est dict, que son Esprit est nostre vie, aussi luy
15 mesme de sa bouche prononce que sa chair est vrayement viande,
son sang vrayement breuvage. Si ces parolles ne sont point dictes
pour neant, il convient que, pour avoir nostre vie en Christ, noz
ames soyent repeuës de son corps et de son sang, comme de leur
propre nourriture. Cela donc nous est nomméement testifié en la
20 Cene, quand il nous est dit du pain, que nous le prennions et
mangeons, et que c'est son corps; que nous beuvions du calice, et
que c'est son sang. Nomméement il est parlé du corps et du sang,
afin que nous apprennions de là chercher la substance de nostre vie
spirituelle. Maintenant, si on demande assavoir neantmoins si le
25 pain est le corps de Christ, et le vin son sang, nous respondrons que
le pain et le vin sont signes visibles, lesquelz nous representent le
corps et le sang; mais que ce Nom et tiltre de corps et de sang leur
est attribué, pource que ce sont comme instrumens par lesquelz
le Seigneur Jesus nous les distribue. La raison de ceste forme et
30 maniere de parler est tresconvenable. Car, comme ainsi soit que ce
nous soit une chose incomprehensible, non seulement à l'œil, mais
à nostre sens naturel, que la communication que nous avons au
corps de Jesus Christ, elle nous est là visiblement monstrée.
Comme nous avons un exemple bien propre en chose semblable.
35 Nostre Seigneur voulant faire apparoistre son Esprit au baptesme
de Christ, le representa soubz la figure d'une columbe. Sainct Jean

19 nomméement] 1545 f. nommément.
21 mangeons] 1545 f. mangions.
22 Nomméement] 1545 f. Nommément.

Baptiste, recitant ceste histoire, dit qu'il a veu le sainct Esprit descendre. Si nous enquerons de plus pres, nous trouverons qu'il n'a veu que la columbe, veu que le sainct Esprit en son essence est invisible. Toutesfois, scachant que ceste vision n'estoit pas une vaine figure, mais un signe certain de la presence du S. Esprit, il ne doubte pas de dire qu'il l'a veu, pource qu'il s'est representé à luy selon sa capacité. Ainsi en est il de la communication que nous avons au corps et au sang du Seigneur JESUS. C'est un mystere spirituel, lequel ne se peult veoir à l'œil, ne comprendre en l'entendement humain. Il nous est doncques figuré par signes visibles, selon que nostre infirmité requiert; tellement neantmoins que ce n'est pas une figure nue, mais conjoincte avec sa verité et substance. C'est donc à bon droict que le pain est nommé corps, puis que non seulement il le nous represente, mais aussi nous le presente. Pourtant, nous concederons bien que le nom du corps de JESUS Christ est transferé au pain, d'autant qu'il en est Sacrement et figure. Mais nous adjousterons pareillement que les Sacremens du Seigneur ne se doyvent et ne peuvent nullement estre separez de leur verité et substance. De les distinguer à ce qu'on ne les confonde pas, non seulement il est bon et raisonnable, mais du tout necessaire. Et de les diviser pour constituer l'un sans l'autre, il n'y a ordre. Pourtant, quand nous voyons le signe visible, il nous fault regarder quelle representation il a, et de qui il nous est donné. Le pain nous est donné pour nous figurer le corps de Jesus Christ, avec commandement de le manger; et nous est donné de Dieu, qui est la verité certaine et immuable. Si Dieu ne peult tromper ne mentir, il s'ensuit qu'il accomplit tout ce qu'il signifie. Il fault donc que nous recevions vrayement en la Cene le corps et le sang de Jesus Christ, puis que le Seigneur nous y represente la communion de l'un et de l'autre. Car autrement que seroit-ce à dire, que nous mangeons le pain et beuvions le vin en signe que sa chair nous est viande et son sang breuvage, s'il ne nous donnoit que pain et vin, laissant la verité spirituelle derriere? Ne seroit-ce pas à faulses enseignes que il auroit institué ce mystere? Nous avons donc à confesser que si la representation que Dieu nous

3 veu que] 1541 et veu que.
18 ne peuvent nullement estre separez] 1545 f. ne se peuvent nullement separer.
21 Et de les diviser] 1541 Et les diviser; 1545 f. Mais de les diviser.
31 beuvions] 1545 f. beuvons.

fait en la Cene est veritable, la substance interieure du Sacrement
est conjoincte avecques les signes visibles; et comme le pain nous
est distribué en la main, aussi le corps de Christ nous est communiqué, afin que nous en soyons faictz participans. Quand il n'y
5 auroit autre chose, si avons nous bien matiere de nous contenter,
quand nous entendons que Jesus Christ nous donne en la Cene la
propre substance de son corps et son sang, afin que nous le possedions pleinement, et, le possedant, ayons compagnie à tous ses
biens. Car, puis que nous l'avons, toutes les richesses de Dieu,
10 lesquelles sont en luy comprinses, nous sont exposées, à ce qu'elles
soyent nostres. Ainsi, pour definir briefvement ceste utilité de la
Cene, nous pouvons dire que Jesus Christ nous y est offert, afin
que nous le possedions, et en luy toute plenitude des graces que
nous pouvons desirer. Et qu'en cela nous avons une bonne aide
15 pour confermer noz consciences à la Foy que nous devons avoir en
luy.

Le second fruict qu'elle nous apporte est qu'elle nous admon-
neste et incite à mieux recongnoistre les biens que nous avons
receuz et recevons journellement du Seigneur Jesus, afin que nous
20 luy rendions telle confession de louënge qu'elle luy est deuë. Car
de nousmesmes nous sommes tant negligens que c'est merveilles, à
mediter la bonté de nostre Dieu, sinon qu'il reveille nostre paresse,
et nous poulse à faire nostre devoir. Or, nous ne scaurions avoir
aiguillon pour nous poindre plus au vif, que quand il nous fait, par
25 maniere de dire, veoir à l'œil, toucher à la main, et sentir evidemment, un bien tant inestimable: c'est de nous repaistre de sa
propre substance. C'est ce qu'il veult signifier, en nous commandant que nous anuncions sa mort, jusqu'à ce qu'il vienne. Si c'est
donc une chose tant requise à salut, de ne point mescongnoistre
30 les graces que Dieu nous a faictes, mais les reduire diligemment en
memoire et les magnifier envers les autres, afin de nous edifier
mutuellement: en cela nous voyons une autre singuliere utilité de
la Cene, qu'elle nous retire d'ingratitude, et ne permet pas que
nous oublions le bien que nous a faict le Seigneur Jesus en mourant
35 pour nous; mais nous induit à luy rendre action de graces, et

20 qu'elle] 1541 quelle.
24 poindre] 1541 prendre.
27 signifier] *omitted in* 1541.
35 graces] 1541 grace.

quasi par confession publique protester combien nous sommes attenuz à luy.

c) La troisiesme utilité gist en ce que nous y avons une vehemente exhortation à vivre sainctement, et sur tout à garder charité et dilection fraternelle entre nous. Car puis que là nous sommes 5 faits membres de Jesus Christ, estans incorporez en luy et unis avec luy comme à nostre chef, c'est bien raison que premierement nous soyons faicts conformes à sa pureté et innocence; et specialement que nous ayons ensemble telle charité et concorde, comme doyvent avoir les membres d'un mesme corps. Combien que pour 10 entendre droictement ceste utilité, il ne fault pas estimer que nostre Seigneur seulement nous advertisse, incite et enflambe noz cœurs par le signe exterieur. Car le principal est qu'il besongne en nous interieurement par son S. Esprit, afin de donner efficace à son ordonnance, qu'il a destinée à cela comme instrument, par lequel 15 il veult faire son œuvre en nous. Parquoy, entant que la vertu du sainct Esprit est conjoincte avec les Sacremens, quand on les receoit deuëment, nous avons à esperer un bon moyen et aide pour nous faire croistre et profiter en saincteté de vie, et singulierement en charité. 20

3) Venons au troisiesme poinct principal que nous avons proposé au commencement de ce traicté: assavoir, à l'usage legitime, qui est d'observer reveremment l'institution du Seigneur. Car quiconque approche de ce S. Sacrement avec mespris ou nonchalance, ne se souciant pas beaucoup de suyvre où le Seigneur l'appelle, il en 25 abuse perversement, et en abusant le contamine. Or, polluer et contaminer ce que Dieu a tant sanctifié, c'est un sacrilege intolerable. Ce n'est pas donc sans cause que S. Paul denonce une si griefve condamnation sus tous ceux qui le prendront indignement. Car s'il n'y a rien au ciel n'en la terre de plus grand pris et 30 dignité que le corps et le sang du Seigneur, ce n'est pas petite faulte de le prendre inconsideréement, et sans estre bien preparé. Pourtant, il nous exhorte de nous bien esprouver, pour en user

---

7 raison que premierement] 1541 raison premierement que.
18 nous avons à esperer] 1545 f. nous en avons à esperer.
21–2 Venons…assavoir, à l'usage legitime] 1541 *simply reads* Venons à l'usaige legitime qui.
29 sus] 1545 f. sur.
32 inconsideréement] 1545 f. inconsiderément.

comme il appartient. Quand nous entendrons quel doit estre
cest examen, nous scaurons quel est cest usage que nous
cherchons.

Or, il nous fault icy bien contregarder. Car, comme nous ne
5 pouvons mettre trop grande diligence à nous examiner, selon que
le Seigneur ordonne, aussi d'autre part, les Docteurs sophistiques
ont mis les paovres consciences en perplexité trop perilleuse, ou
plustost en une gehenne horrible, requerant je ne scay quel
examen, dont il n'estoit possible de venir à bout. Pour nous
10 depescher de tous ces troubles, il nous fault reduire le tout, comme
j'ay desja dict, à l'ordonnance du Seigneur, comme à la reigle,
laquelle ne nous laissera point faillir, quand nous la suyvrons. En
la suyvant, nous avons à esprouver si nous avons vraye repentance
en nousmesmes, et vraye Foy en nostre Seigneur JESUS CHRIST;
15 qui sont deux choses tellement conjoinctes, que l'une ne peult
consister sans l'autre. Car si nous estimons nostre vie estre située
en CHRIST, il nous fault recongnoistre que nous sommes morts
en nous. Si nous cherchons en luy nostre vertu, il fault que nous
entendions que nous defaillions en nousmesmes. Si nous estimons
20 toute nostre felicité estre en sa grace, il est necessaire que nous
entendions quelle est nostre misere, sans icelle. Si nous avons en
luy nostre repos, il fault qu'en nousmesmes nous ne sentions que
tourment et inquietude. Or, telle affection ne peult estre, qu'elle
n'engendre premierement un desplaisir de toute nostre vie; puis
25 apres, une solicitude et crainte; finalement, un desir et amour de
justice. Car celuy qui congnoit la turpitude de son peché, et la
mal-heureté de son estat et condition, ce pendant qu'il est aliené
de Dieu, en a telle honte, qu'il est contrainct de se desplaire, se
condamner, gemir, et souspirer de grande tristesse. D'advantage,
30 le Jugement de Dieu se presente incontinent, lequel presse la
conscience pecheresse de merveilleuse angoisse, d'autant qu'elle
voit qu'il n'y a nul moyen d'eschapper, et n'a que respondre pour
sa defence. Quand avec une telle recongnoissance de nostre misere,
nous pouvons gouster la bonté de Dieu, lors nous desirons de
35 reigler nostre vie à sa volunté, et renoncer à toute nostre vie
precedente, pour estre faicts en luy nouvelles creatures. Si nous
voulons donques deuëment communiquer à la sacrée Cene du

19 defaillions] 1545 f. defaillons.
31 angoisse] 1541 anxieté.

Seigneur, il fault que nous tenions en ferme fiance de cœur, le
Seigneur JESUS pour nostre justice unique, vie et salut, recevans
et acceptans les promesses qui nous sont données de luy pour
certaines et asseurées; renonceans d'autre part à toute fiance
contraire, afin qu'en nous deffiant de nous et de toutes creatures, 5
nous reposions pleinement en luy, et nous contentons de sa seule
grace. Or, pource que cela ne peult estre, que nous ne congnoissions la necessité que nous avons qu'il nous subvienne, il est
mestier que nous soyons aussi touchez vivement au dedans du
cœur d'un vray sentiment de nostre misere, lequel nous face avoir 10
faim et soif de luy. Et de faict, quelle mocquerie seroit-ce de venir
chercher la viande sans appetit? Or, pour avoir bon appetit, il ne
suffit pas que l'estomach soit vuide; mais il est requis qu'il soit
bien disposé, et capable de recevoir sa nourriture. De cela donc
il s'ensuit que noz ames doivent estre pressées de famine, et avoir 15
un desir et zele ardent d'estre repeuës, pour bien trouver leur
nourriture en la Cene du Seigneur. D'advantage, il est à noter que
nous ne povons desirer Jesus Christ, sans aspirer à la justice de
Dieu, laquelle gist en l'abnegation de nous mesmes et obeissance
de sa volunté. Car il n'y a ordre que nous pretendions d'estre du 20
corps de Christ, nous abandonnant à toute licence, et menant une
vie dissolue. Puis qu'en Christ il n'y a que chasteté, benignité,
sobrieté, verité, humilité, et toutes telles vertus; si nous voullons
estre ses membres, il fault que toute paillardise, haultesse, intem-
perance, mensonge, orgueil et semblables vices soient loing de 25
nous. Car nous ne povons mesler ces choses avec luy, sans luy
faire grand deshonneur et opprobre. Il nous doibt tousjours sou-
venir qu'il n'y a non plus de convenance entre luy et iniquité,
qu'entre la clarté et les tenebres. Voy-la doncq comme nous y
viendrons en vraye repentance, si nous tendons à cela, que nostre 30
vie soit faicte conforme à l'exemple de Jesus Christ. Toutesfoys,
combien que cela soit general en toutes les parties de nostre vie,
si a-il specialement lieu en charité, comme elle nous est sur tout
recommandée en ce Sacrement; pour laquelle raison il est nommé
le lien d'icelle. Car comme le pain qui est là sanctifié pour l'usage 35
commun de nous tous, est faict de plusieurs grains, tellement
meslez ensemble qu'on ne scauroit discerner l'un de l'autre, ainsi
devons nous estre unis entre nous d'une amitié indissoluble. Et

6 nous reposions] 1545 f. nous nous reposions.

qui plus est, nous recevons là tous un mesme corps de Christ, à fin
de en estre faictz membres. Si nous avons donc dissensions et
discords ensemble, il ne tient pas à nous que Jesus Christ ne soit
desciré par pieces; et serons coulpables d'un mesme sacrilege,
5 comme si nous l'avions faict. Il ne fault pas doncq que nous
presumions nullement d'en approcher, si nous portons quelque
hayne ou rancune à homme vivant; et principallement à aucun
Chrestien qui soit en l'unité de l'Eglise. Nous devons aussi, pour
bien accomplir l'ordre du Seigneur, apporter une autre affection:
10 c'est de confesser de bouche et testifier combien nous sommes
redevables à nostre Sauveur, et luy rendre action de grace, non
seulement à fin que son Nom soit glorifié en nous, mais aussi à fin
d'edifier les autres, et les instruire par nostre exemple de ce qu'ilz
ont à faire.

15   Mais pource qu'il ne se trouvera homme sus la terre, qui ayt si
bien profité en foy et en saincteté de vie qu'il n'ayt encore beaucoup d'infirmité tant en l'une qu'en l'autre, il y auroit dangier
que plusieurs bonnes consciences ne feussent troublées de ce qui
a esté dict, si on ne venoit au devant, en moderant les preceptes
20 que nous avons mis, tant de Foy comme de repentance. Pour tant,
c'est une perilleuse maniere d'enseigner que tiennent aucuns, de
requerir une parfaicte fiance de cueur et parfaicte penitence, et
exclurre tous ceux qui ne l'ont point. Car en ce faisant, tous sont
exclus, sans en excepter un. Que ainsi soit, qui sera celluy qui se
25 puisse vanter de n'estre entaché de quelque deffiance? de n'estre
subject à quelque vice ou infirmité? Certes les enfans de Dieu ont
telle Foy, qu'ilz ont tousjours mestier de prier que le Seigneur
subvienne à leur incredulité. Car c'est une maladie tant enracinée
en nostre nature, que jamais nous n'en sommes pleinement guaris,
30 que nous ne soyons delivrez de ceste prison de nostre corps.
D'advantage, ilz cheminent tellement en pureté de vie, qu'ilz ont
mestier journellement de prier, tant pour la remission des pechez
que pour demander grace de mieux proffiter. Combien que les uns
soient plus imparfaictz, les autres moins; toutesfoys, il n'y en a nul
35 qui ne deffaille en beaucoup d'endroictz. Ainsi la Cene non seullement nous seroit inutile à tous, mais aussi pernitieuse, s'il nous y

1 tous] 1541 tout.
11 grace] 1545 f. graces.
15 sus] 1545 f. sur.

faloit apporter une integrité de foy ou de vie, à laquelle il n'y eust
que redire. Ce qui est contraire à l'intention de nostre Seigneur;
car il n'a rien donné de plus salutaire à son Esglise. Pourtant, quand
nous sentirons en nous une foy imparfaicte, et que nous n'aurons
pas la conscience si pure, qu'elle ne nous accuse de beaucoup de 5
vices, si ne nous doibt pas empescher cela, que nous ne nous presen-
tions à la Saincte Table du Seigneur, moyennant que au milieu de
ceste infirmité nous sentions en nostre cueur que, sans hypocrisie
et feintise, nous esperons salut de Jesus Christ, et desirons de
vivre selon la reigle de l'Evangile. Je dy nomméement qu'il n'y 10
ayt point d'hypocrisie; car il y en a beaucoup qui se deceoivent par
vaines flateries, se faisant accroire qu'il suffist de condamner leurs
vices, combien qu'ilz s'entretiennent tousjours, ou bien de se
deporter pour un temps, à fin d'y retourner incontinent apres. Or,
la vraye penitence est ferme et constante; pourtant elle nous faict, 15
non pas pour un jour ou une sepmaine, mais sans fin et sans cesse,
batailler contre le mal qui est en nous.

Quand nous sentirons doncq en nous une ferme desplaisance et
haine de tous vices, procedante de la crainte de Dieu, et un desir
de bien vivre à fin de complaire à nostre Seigneur, nous sommes 20
capables de participer à la Cene, non obstant les reliques d'infirmité que nous portons en nostre chair. Mesmes si nous n'estions
infirmes, subjectz à deffiance, et de vie imparfaicte, le Sacrement
ne nous serviroit de rien, et eust esté chose superflue de l'instituer.
Puis doncq que c'est un remede que Dieu nous a donné pour 25
subvenir à nostre foiblesse, fortifier nostre Foy, augmenter nostre
charité, nous advancer en toute saincteté de vie, d'autant plus en
devons nous user, que nous sentons que la maladie nous presse.
Tant s'en fault que cela nous en doive empescher. Car si nous
alleguons, pour nous exempter de venir à la Cene, que nous 30
sommes encores debiles en Foy ou en integrité de vie, c'est comme
si un homme s'excusoit pour ne point prendre de medicine, à
cause qu'il seroit malade. Voila donc comme la foiblesse de Foy
que nous sentons en nostre cœur, et les imperfections qui sont en
nostre vie, nous doyvent admonnester de venir à la Cene, comme 35
à un remede singulier pour les corriger. Seulement, que nous n'y

12 accroire] 1545 f. à croire.
13 combien qu'ilz s'entretiennent] 1541 combien qu'ilz si entretiennent. (Perhaps *s'y* was intended.)

venions point vuides de Foy et repentance. Dont la premiere est
cachée dedans le cœur; et pourtant il fault que nostre conscience
nous en rende tesmoignage devant Dieu. La seconde se manifeste
par les œuvres; et pourtant il fault qu'elle apparoisse aucunement
5 en nostre vie.

Quand est du temps d'en user, on ne le peult pas limiter à tous
pour certain. Car il y a aucunesfois des empeschemens particuliers,
qui excusent l'homme s'il s'en abstient. Et d'advantage, nous
n'avons pas de commandement expres, de contraindre tous
10 Chrestiens à en user chascun jour qu'elle leur est presentée.
Toutesfois, si nous regardons bien la fin à laquelle le Seigneur nous
meine, nous congnoistrons que l'usage en doit estre plus frequent
que beaucoup ne l'ont. Car d'autant que l'imbecilité nous presse,
nous avons mestier de nous exerciter tant plus souvent en ce qui
15 nous peult et doit servir à nous confermer en Foy, et advancer en
pureté de vie. Pourtant, ceste coustume doit estre en toutes Eglises
bien ordonnées, de celebrer souvent la Cene tant que la capacité
du peuple le peut porter. Et un chascun particulier à son endroit
se doit preparer à la recevoir toutes les fois qu'elle est administrée
20 en la Congregation; sinon qu'il y ait grand empeschement qui le
contraingne de s'en abstenir. Combien que nous n'ayons pas
commandement expres qui nous definisse le temps et le jour, il
nous doit suffire de congnoistre l'intention de nostre Seigneur
estre telle, que nous en usions souvent, autrement nous ne
25 congnoissons pas bien l'utilité qui nous en vient. Les excuses que
aucuns alleguent au contraire, sont trop frivolles. Les uns disent
qu'ilz ne se trouvent pas dignes; et soubz umbre de cela, s'en
abstiennent toute l'année. Les autres ne se contentent pas de
regarder leur dignité, mais pretendent qu'ilz ne pourroyent
30 communiquer avec plusieurs qu'ilz y voyent venir sans se bien
preparer. Aucuns aussi pensent que c'est chose superflue d'en user
souvent; pource que si nous avons une fois receu Jesus Christ, il
n'est ja mestier de retourner si tost apres à le recevoir. Je demande
aux premiers, qui se couvrent de leur indignité, comme leur
35 conscience peult souffrir de demeurer plus d'un an en si paovre
estat, que de n'oser invoquer Dieu droictement? Car ilz me

9 commandement] 1545 commandemens.
24 autrement] 1541 et que autrement.
29 dignité] 1545 f. indignité.   34 comme] 1545 f. comment.

confesseront que c'est temerité d'invoquer Dieu pour nostre Pere,
si nous ne sommes membres de Jesus Christ. Ce qui ne peult estre,
que la substance et verité de la Cene ne soit accomplie en nous.
Or, si nous avons la verité, nous sommes par plus forte raison
capables de recevoir le signe. On voit donc que celuy qui se veult   5
exempter de recevoir la Cene, comme indigne, se bannit de prier
Dieu. Au reste, je n'entens pas de forcer les consciences qui sont
tourmentées de quelques scrupules, à ce qu'elles s'ingerent sans
scavoir comment; mais plustost leur conseille d'attendre que le
Seigneur les ait delivrées. Semblablement, s'il y a cause legitime 10
qui empesche, je ne nie pas qu'il ne soit loisible de differer.
Seulement, je veulx monstrer que nul ne doit longuement
acquiescer en cela, de s'abstenir de la Cene à cause de son
indignité. Veu que en ce faisant il se prive de la communion de
l'Eglise, en laquelle gist tout nostre bien. Plustost, qu'il s'efforce 15
de combattre contre tous les empeschemens que le diable luy
mettra enavant, afin de n'estre exclus d'un si grand bien, et consequemment de toutes les graces desquelles la privation s'en
ensuit. Les secondz ont quelque couleur, pource qu'ilz prennent
cest argument: assavoir, que s'il n'est pas licite de manger le pain 20
commun avec ceux qui se nomment freres, et meinent vie dissolue
et meschante; par plus forte raison, il nous fault garder de
communiquer avec eux au pain du Seigneur, lequel est sanctifié
pour nous representer et dispenser le corps de Christ. Mais la
responce n'est pas trop difficile; que ce n'est pas l'office d'un 25
chascun particulier de juger et discerner, pour admettre ou
deschasser qui bon luy semble; veu que ceste prerogative appartient à toute l'Eglise en general, ou bien au Pasteur, avec les
Anciens qu'il doit avoir pour luy assister au gouvernement de
l'Eglise. Car sainct Paul ne commande pas d'examiner les autres; 30
mais qu'un chascun s'examine soymesme. Bien est vray que nostre
devoir est d'admonnester ceux que nous voyons vivre desordon-
néement; et s'ilz ne nous veulent escouter, d'en advertir le Pasteur,
afin que il y procede par authorité Ecclesiastique. Mais ce n'est
pas le moyen de nous retirer de la compagnie des meschans, en 35
quittant la communion de l'Eglise. D'advantage, il adviendra le
plus souvent que les crimes ne sont pas si notoires qu'on puisse
venir jusque à excommunication. Car combien que le Pasteur
juge en son cœur quelque homme indigne, toutesfois il n'a pas le

pouvoir de le prononcer tel, et luy interdire la Cene, sinon qu'il le puisse convaincre par jugement Ecclesiastique. En tel cas, nous n'avons autre remede que de prier Dieu qu'il vueille delivrer de plus en plus son Eglise de tous scandales, en attendant le jour
5　dernier, auquel la paille sera pleinement separée du bon grain. Les troisiesmes n'ont nulle apparence de verisimilitude. Car ce pain spirituel ne nous est pas donné afin que nous en soulions du premier coup; mais plustost afin qu'en ayant eu quelque goust de sa doulceur, nous appetions d'advantage, et en usions quand il
10　nous est offert. C'est ce que nous avons cy dessus exposé, que cependant que nous conversons en ceste vie mortelle, JESUS Christ ne nous est jamais communiqué en telle sorte, que noz ames en soyent du tout rassasiées; mais nous veult estre en nourriture continuelle.

15　Pour venir au quatriesme poinct principal. Le diable scachant que nostre Seigneur n'avoit rien laissé plus utile à son Eglise que ce sainct Sacrement, selon sa maniere accoustumée s'est efforcé dez le commencement de le contaminer d'erreurs et de superstitions, pour en corrumpre et destruire le fruict; et n'a cessé de
20　poursuyvre ceste entreprinse, jusques à ce qu'il a quasi du tout renversé l'ordonnance du Seigneur, et convertie en mensonge et vanité. Mon intention n'est pas de marquer en quel temps un chascun abuz a prins commencement, et en quel temps il a esté augmenté. Il me suffira de noter par articles quelz erreurs le
25　diable a introduictz, desquelz il nous fault garder, si nous voulons avoir la Cene du Seigneur en son entier.

Pour le premier, comme ainsi soit que le Seigneur nous ait donné sa Cene afin qu'elle feust distribuée entre nous, pour nous testifier qu'en communiquant à son corps, nous avons part au
30　Sacrifice qu'il a offert en la croix à Dieu son Pere, pour l'expiation et satisfaction de noz pechez; les hommes, de leur teste, ont inventé au contraire que c'est un Sacrifice, par lequel nous acquerons la remission de noz pechez devant Dieu. Cela est un sacrilege qui ne se peult nullement porter. Car si nous ne recon-

2–3 En tel cas, nous n'avons] 1541 En tel cas, n'avons.
5 paille] 1541 parolle.
7 que nous en soulions] 1545 f. que nous nous en soulions.
9 nous appetions] 1545 f. nous l'appetions.
15 Pour venir au quatriesme poinct principal] *omitted* 1541.

gnoissons la mort du Seigneur Jesus, et tenons comme un Sacrifice
unicque, par lequel il nous a reconcilié au Pere, effaceant toutes
les faultes dont nous estions redevables à son jugement, nous
destruisons la vertu d'icelle. Si nous ne confessons Jesus Christ
estre le seul Sacrificateur, que nous appellons communement   5
Prestre, par l'intercession duquel nous sommes reduictz en la
grace du Pere, nous le despouillons de son honneur, et luy faisons
grande injure. Puis donc que ceste opinion qu'on a tenue de la
Cene, que c'estoit un Sacrifice pour acquerir remission des pechez,
derrogue à cela, il la fault condamner comme diabolicque. Or,   10
qu'elle y derrogue, c'est chose trop notoire. Car comment accor-
deroit-on ces choses ensemble, que Jesus Christ en mourant ayt
offert un sacrifice à son Pere, par lequel il nous a, une foys pour
toutes, acquis remission et grace de toutes noz faultes, et que
journellement il faille sacrifier pour obtenir ce qu'on doibt cercher   15
en icelle mort seullement? C'est erreur n'a pas esté du premier
coup tant extreme; mais petit à petit a pris son accroissement,
jusques à ce qu'il est là venu. Il appert que les anciens Peres ont
appellé la Cene sacrifice. Mais ilz rendent la raison, pource que la
mort de Jesus Christ y est representée. Ainsi leur dire revient là,   20
que ce nom luy est attribué seulement pource qu'elle est memoire
de ce sacrifice unicque, auquel nous devons pleinement nous
arrester. Combien que je ne puis bonnement excuser la coustume
de l'Eglise ancienne. C'est qu'on figuroit, par gestes et maniere de
faire, une espece de sacrifice, quasi d'une mesme ceremonie qu'il y   25
avoit eu en l'ancien Testament, excepté que au lieu d'une beste
brute, on usoit du pain pour hostie. Pource que cela approche trop
de Judaisme, et ne respond pas à l'institution du Seigneur, je ne
l'approuve pas. Car en l'ancien Testament, du temps des figures,
le Seigneur avoit ordonné telles ceremonies, en attendant que ce   30
sacrifice feust faict en la chair de son Filz bien aymé, lequel en
estoit l'accomplissement. Depuis qu'il a esté parfaict, il ne reste
plus sinon que nous en recevions la communication. Parquoy,

1 Jesus, et tenons comme] 1541 Jesus comme; 1545 f. Jesus, et la tenons comme.
2 reconcilié] 1545 f. reconciliez.
24 maniere] 1545 f. manieres.
27 du pain] 1549 de pain.
28 de Judaisme] 1545 f. du Judaisme.
31 en la chair de son Filz bien aymé] 1541 en sa chair.
33 Parquoy] 1541 et ainsi.

c'est chose superflue de le plus figurer. Et ainsi porte l'ordre que
Jesus Christ nous a laissée: non pas que nous offrions ou immo-
lions, mais que nous prennions et mangeons ce qui a esté offert et
immolé. Toutesfois, combien qu'il y ait quelque infirmité en une
5 telle observation, si n'y avoit-il pas une impieté telle qu'elle est
depuis survenue. Car on a du tout transferé à la Messe ce qui
estoit propre à la mort de Christ, c'est de satisfaire à Dieu pour
noz debtes, et par ce moyen nous reconcilier à luy. D'avantage,
l'office de Jesus Christ a esté attribuée à ceux qu'on nommoit
10 prestres, c'est de sacrifier à Dieu, et, en sacrifiant, interceder pour
nous acquerir grace et pardon de noz faultes. Je ne veux pas
dissimuler les solutions qu'alleguent en cest endroit les ennemis de
verité. C'est que la Messe n'est pas un sacrifice nouveau, mais
seullement une application du sacrifice unicque dont nous avons
15 parlé. Combien qu'ilz colorent un petit leur abomination en
parlant ainsi, toutesfois ce n'est qu'une pure cavillation. Car il
n'est pas dict seullement que le Sacrifice de Christ est unicque,
mais qu'il ne doit jamais estre reiteré, entant que l'efficace en
demeure à tousjours. Il n'est pas dict que Christ s'est une foys
20 offert au Pere, à fin que d'aultres apres feissent la mesme oblation,
pour nous applicquer la vertu de son intercession; mais qu'il est
entré au Sanctuaire celeste, et que là il apparoit pour nous rendre
le Pere propice par son intercession. Quant est de nous applicquer
le merite de sa mort, à fin que nous en sentions le fruict, cela se
25 faict, non pas en la maniere qu'on a estimé en l'Eglise papalle,
mais quand nous recevons le message de l'Evangile, ainsi qu'il
nous est testifié par la predication des ministres, lesquelz Dieu a
constituez comme ses Ambassadeurs, et seellé par les Sacremens.
L'opinion de tout le peuple a esté approuvée par tous leurs
30 Docteurs et Prelatz, que en oyant ou faisant dire la Messe, on
meritoit, par ceste devotion, grace et justice envers Dieu. Nous
disons que pour sentir aucun profit de la Cene, il ne faut rien
apporter du nostre, pour meriter ce que nous cherchons; mais que
seulement nous avons à recevoir en Foy la grace qui nous y est
35 presentée; laquelle ne reside pas au sacrement, mais nous renvoye

2 laissée] 1545 f. laissé.
3 mangeons] 1545 f. mangions.
4 il y ait quelque] 1545 f. il y ait eu quelque.
9 attribuée] 1545 f. attribué.

à la croix de Jesus Christ, comme elle en procede. Voila donc comment il n'y a rien plus contraire à la vraye intelligence de la Cene, que d'en faire un sacrifice, lequel nous destourne de recongnoistre la mort de Christ pour sacrifice unique, duquel la vertu dure à jamais. Cela bien entendu, il apparoistra que toutes 5 Messes, auxquelles il n'y a point de communion telle que le Seigneur l'a instituée, ne sont qu'abomination. Car le Seigneur n'a pas ordonné qu'un seul Prestre, apres avoir faict son sacrifice, feist son cas à part; mais a voulu que le Sacrement feust distribué en l'Assemblée, à l'exemple de la premiere Cene qu'il feist avec ses 10 Apostres. Mais apres qu'on a forgé ceste maudicte opinion, d'icelle, comme d'un gouffre, est sortie ceste malheureuse coustume, que le peuple, se contentant d'assister là, pour participer au merite de ce qui s'y faict, s'abstient de la communion, à cause que le Prestre se vante d'offrir son hostie pour tous, et specialement pour les 15 assistans. Je laisse à parler des abuz, qui sont si lourdz que ils ne sont pas dignes qu'on en face mention. Comme d'attribuer à chascun sainct sa Messe, et transferer ce qui est dict de la Cene du Seigneur à sainct Guillaume et sainct Gaultier. Item, d'en faire foyre ordinaire, pour vendre et achepter; et autres telles vilanies 20 que nous a engendré le mot de sacrifice.

   Le second erreur que le diable a semé pour corrompre ce sainct mystere, a esté en forgeant et inventant, qu'apres les parolles prononcées avec intention de consacrer, le pain est transsubstantié au corps de Christ, et le vin en son sang. Ce mensonge, premiere- 25 ment, n'a nul fondement de l'Escriture, et n'a aucun tesmoignage de l'Eglise ancienne; et, qui plus est, ne peut nullement convenir ne subsister avec la parolle de Dieu. N'est ce pas une glose trop contraincte, quand Jesus Christ, monstrant le pain, l'appelle son corps, de dire que la substance du pain est aneantie, et en son 30 lieu survient le corps de Christ? Mais il n'est ja mestier de re- mettre la chose en doubte, veu que la verité est assez evidente, pour refuter ceste absurdité. Je laisse infiniz tesmoignages, tant de l'Escriture que des anciens Peres, où le Sacrement est appellé pain. Seulement je dy que la nature du Sacrement requiert cela, 35 que le pain materiel demeure pour signe visible du corps. Car

4 pour sacrifice] 1541 comme sacrifice.
14 s'abstient de la communion] *omitted* 1541.
21 engendré] 1545 f. engendrées.

c'est une reigle generalle pour tous Sacremens, que les signes que nous y voyons doivent avoir quelque similitude avec la chose spirituelle qui y est figurée. Comme donc au baptesme nous avons certitude du lavement interieur de noz ames, quand l'eaue nous
5 en est donnée pour tesmoignage, laquelle netoye noz ordures corporelles; aussi fault-il qu'en la Cene il y ayt du pain materiel, pour nous testifier que le corps de Christ est nostre viande. Car autrement, quelle signification seroit-ce, que la blancheur nous figurast cela? Nous voyons donc clairement comme toute la
10 representation, laquelle nous a voulu donner le Seigneur pour condescendre à nostre infirmité, periroit, sinon que vrayement le pain demeurast. Car les parolles dont nous use le Seigneur emportent autant comme qui diroit: Tout ainsi que l'homme est substenté et entretenu selon le corps en mangeant du pain, ainsi
15 ma chair est la nourriture spirituelle dont les ames sont vivifiées. D'advantage, que deviendroit l'autre similitude, que baille sainct Paul? C'est, comme plusieurs grains de bled sont meslez ensemble pour faire un pain, ainsi fault il que nous soyons unis ensemble, puis que nous participons tous d'un pain. S'il n'y avoit que la
20 blancheur sans substance, ne seroit-ce pas moquerie de parler ainsi? Pourtant nous concluons sans doubte, que ceste transsubstantiation est invention forgée du diable, pour depraver la verité de la Cene.

De ceste phantasie sont sorties apres plusieurs autres folies. Et
25 pleust à Dieu qu'il n'y eust que folies, et non pas grosses abominations. Car on a imaginé je ne scay quelle presence locale, et a on pensé que Jesus Christ, en sa divinité et humanité, estoit attaché à ceste blancheur, sans avoir esgard à toutes les absurditez qui s'en ensuyvent. Combien que les anciens Docteurs Sorbonicques
30 disputent plus subtilement, comme le corps et le sang sont conjoincts avec les signes; toutesfois on ne peut nier que ceste opinion n'ayt esté receuë de grans et petis en l'Eglise papalle, et qu'elle ne soit aujourd'huy cruellement maintenue par feu et par glaive, que Jesus Christ est contenu soubz ces signes, et que là il le faut
35 chercher. Or, pour soubstenir cela, il fault confesser, ou que le corps de Christ est sans mesure, ou qu'il peult estre en divers lieux. Et en disant cela, on vient en la fin à ce poinct, qu'il ne differe en

5 donnée] 1549 donné.
30 comme] 1545 f. comment.

rien d'un Phantasme. De vouloir donc establir une telle presence, par laquelle le corps de Christ feust enclos dedans le signe, ou y soit conjoinct localement, c'est non seulement une resverie, mais un erreur damnable, contrevenant à la gloire de Christ, et destruisant ce que nous devons tenir de sa nature humaine. Car l'Escriture nous enseigne par tout, que comme le Seigneur Jesus a prins nostre humanité en terre, aussi il l'a exaltée au ciel, la retirant de condition mortelle; mais non pas en changeant sa nature. Ainsi nous avons deux choses à considerer, quand nous parlons de ceste humanité. C'est que nous ne luy ostions pas la verité de sa nature, et que nous ne derogueons rien à sa condition glorieuse. Pour bien observer cela, nous avons à eslever tousjours noz pensées en hault, pour chercher nostre Redempteur. Car si nous le voulons abaisser soubz les elemens corruptibles de ce monde, oultre ce que nous destruisons ce que l'Escriture nous monstre de sa nature humaine, nous aneantissons la gloire de son ascension. Pource que plusieurs autres ont traicté ceste matiere amplement, je me deporte de passer oultre. Seulement j'ay voulu noter en passant, que d'enclorre Jesus Christ par phantasie soubz le pain et le vin, ou le conjoindre tellement avec, que nostre entendement s'amuse là sans regarder au Ciel, c'est une resverie diabolicque. Et aussi nous en toucherons encores en un autre lieu. Or, ceste perverse opinion, apres avoir esté une fois receuë, a engendré beaucoup d'autres superstitions. Et premierement ceste adoration charnelle, laquelle n'est que pure ydolatrie. Car de se prosterner devant le pain de la Cene, et là adorer Jesus Christ comme s'il y estoit contenu, c'est en faire un Idole, au lieu d'un Sacrement. Nous n'avons pas commandement d'adorer, mais de prendre et de manger. Il ne faloit pas donc attenter cela si temerairement. D'avantaige, cela a esté tousjours observé en l'Eglise ancienne, que devant que celebrer la Cene, on exhortoit solennellement le peuple de lever leurs cueurs en hault, pour denoter qu'on ne se devoit arrester au signe visible, pour bien adorer Jesus Christ. Mais on n'a que faire de combatre longuement sur ce poinct, quand la presence et conjonction de la verité avec le signe, dont nous avons parlé et parlerons cy apres, sera

1 Phantasme] 1545 f. phantosme.
2 feust] 1545 f. soit.
11 derogueons] 1545 f. deroguions.

bien entendue. D'une mesme source sont procedez les autres faceons superstitieuses, comme de porter en pompe le Sacrement par les rues une fois l'an, et luy faire l'autre jour un tabernacle, et tout au long de l'année le garder en une armoire pour amuser là le
5 peuple, comme si c'estoit Dieu. Pource que tout cela non seulement a esté controuvé sans la parolle de Dieu, mais aussi est contraire directement à l'institution de la Cene, il doit estre rejetté de tous Chrestiens.

Nous avons monstré dont est venue ceste calamité en l'Eglise
10 papale, que le peuple s'abstient de communiquer à la Cene tout au long de l'an; à scavoir, pource qu'on la tient comme un Sacrifice, lequel est offert d'un au nom de tous. Mais encore, quand il est question d'en user une fois l'année, elle est paovrement dissipée et comme descirée en pieces; car au lieu de distribuer au peuple le
15 Sacrement du sang, comme porte le commandement du Seigneur, on luy faict à croire qu'il se doit contenter de l'autre moitié. Ainsi les paovres fideles sont meschamment fraudez de la grace que le Seigneur leur avoit faicte. Car, si ce n'est pas un petit benefice que de communiquer au sang du Seigneur pour nostre pasture,
20 c'est une trop grande cruauté de le ravir à ceux auxquelz il appartient. En cela nous pouvons appercevoir de quelle audace et hardiesse le Pape a tyrannizé l'Eglise, apres qu'il a une fois occuppé la domination. Nostre Seigneur, ayant commandé à ses Disciples de manger le pain sanctifié en son corps, quand il vient
25 au calice, ne leur dit pas simplement, beuvez; mais il adjouste nomméement que tous en boyvent. Vouldrions nous chose plus claire que cela? Il dit que nous mangeons le pain, sans user de mot universel. Il dit que nous beuvions tous du calice. Dont vient ceste difference, sinon qu'il a voulu aller au devant à ceste malice
30 du diable? Et neantmoins l'orgueil du Pape est tel, qu'il ose dire, n'en beuvez pas tous. Et afin de monstrer qu'il est plus sage que Dieu, il allegue que c'est bien raison, que le Prestre ait quelque previlege oultre le peuple, pour honnorer la dignité sacerdotale. Comme si nostre Seigneur ne se fust point advisé comment l'un
35 doit estre discerné de l'autre. D'advantage, il objecte des dangiers qui pourroyent advenir, si le calice estoit communement donné à

---

1 procedez] 1545 f. procedées.
26 nomméement] 1545 f. nommément.
27 mangeons] 1545 f. mangions.

tous. C'est que il s'en pourroit aucunesfois respandre quelque goutte. Comme si nostre Seigneur n'avoit point preveu cela. N'est-ce pas arguer Dieu tout appertement qu'il a confondu l'ordre qu'il devoit observer, et a mis son peuple en dangier sans propos? Pour monstrer qu'il n'y a pas grand inconvenient en ceste 5 mutation, il remonstre que soubs une espece tout est comprins, d'autant que le corps ne peult estre divisé du sang. Comme si en vain le Seigneur avoit distingué l'un de l'autre. Car si on peult laisser derriere l'une des parties comme superflue, ce auroit esté follie de les recommander distinctement. Aucuns de ses suppotz, 10 voyant que c'estoit impudence de maintenir ceste abomination, l'ont voulu couvrir autrement. C'est que Jesus Christ, en instituant le Sacrement, ne parloit qu'à ses Apostres, qu'il avoit erigez en ordre sacerdotal. Mais que respondront ilz à ce que dit S. Paul, qu'il a baillé à tout le peuple Chrestien ce qu'il avoit receu du 15 Seigneur; c'est que chascun mange de ce pain, et boyve de ce calice? Et de fait, qui leur a revelé que nostre Seigneur donnoit à ses Apostres la Cene comme à des Prestres? Car les parolles chantent au contraire, quand il leur commande de faire apres à son exemple. Il leur baille donc la reigle laquelle il veult estre 20 tenue à tousjours en son Eglise. Comme aussi elle a esté tenue anciennement, jusque à ce qu'Antechrist, ayant gagné la tyrannie, a dressé ouvertement les cornes contre Dieu et sa verité, pour la destruire totalement. Nous voyons donc que c'est une perversité intolerable, de diviser ainsi et descirer le Sacrement, separant les 25 parties que Dieu a conjoinctes.

Pour faire fin, nous comprendrons soubz un article ce qui se pourroit autrement distinguer. C'est que le diable a introduict la maniere de celebrer la Cene sans aucune doctrine, et au lieu de la doctrine, a substitué force ceremonies, en partie ineptes et de 30 nulle utilité, en partie aussi dangereuses, et dont il s'est ensuyvy beaucoup de mal. Tellement que la Messe, laquelle on tient pour Cene en l'Eglise Papalle, pour la bien definir, n'est qu'une pure singerie et bastelerie. Je l'appelle singerie, pource qu'on veult là contrefaire la Cene du Seigneur, sans raison. Comme un Singe, 35

11 voyant] 1545 f. voyans.
21 elle a esté tenue] 1541 il a esté tenu.
22 qu'Antechrist] 1549 que l'Antechrist.

inconsideréement et sans discretion, ensuit ce qu'il voit faire.
Qu'ainsi soit, le principal que le Seigneur nous a recommandé, est
de celebrer ce mystere avec vraye intelligence. Il s'ensuit donques
que la substance gist en la doctrine. Icelle ostée, ce n'est plus
5 qu'une ceremonie froide et sans efficace. Cela non seulement est
monstré par l'Escriture, mais aussi testifié par les canons du Pape,
en une sentence alleguée de sainct Augustin, où il demande que
c'est que l'eauë du baptesme sans la parolle, sinon un element
corruptible; la parolle, dit il incontinent apres, non pas d'autant
10 qu'elle est prononcée, mais entendue. Il signifie en cela que les
Sacremens prennent leur vertu de la parolle, quand elle est
preschée intelligiblement. Sans cela, que ilz ne sont pas dignes
qu'on les nomme Sacremens. Or tant s'en fault qu'il y ait doctrine
intelligible en la Messe, que au contraire on estime tout le mystere
15 estre gasté, sinon que tout soit faict et dit en cachete, à ce qu'on
n'y entende rien. Pourtant leur consecration n'est qu'une espece
de sorcelerie, veu que à la maniere des Sorciers, en murmurant et
faisant beaucoup de signes, ilz pensent contraindre Jesus Christ de
descendre entre leurs mains. Nous voyons donc comme la Messe,
20 estant ainsi ordonnée, qu'elle est une prophanation evidente de la
Cene de Christ, plustost que observation d'icelle; et que la propre
et principale substance de la Cene y deffault, qui est que le
mystere soit bien expliqué au peuple, et les promesses clairement
recitées; non pas qu'un Prestre murmure tout bas à part, sans sens
25 ne raison. Je l'appelle aussi une bastelerie, à cause que les fatras
et mines qu'on y faict convienent plustost à une farce qu'à un tel
mystere comme est la sacrée Cene du Seigneur. Bien est vray que
les sacrifices en l'ancien Testament se faisoient avec plusieurs
ornemens et ceremonies. Mais pource qu'il y avoit bonne signifi-
30 cation, et que le tout estoit propre à instruire et exerciter le
peuple en pieté, il y a bien à dire qu'elles feussent semblables à
celles dont on use maintenant; lesquelles ne servent de rien sinon
d'amuser le peuple sans nulle utilité. Pource que les Messateurs

1 inconsideréement] 1545 f. inconsiderément.
9 la parolle, dit il incontinent apres, non pas d'autant] 1541 et la parolle. non
   pas d'autant.
20 ordonnée, qu'elle est] 1545 f. ordonnée, est.
21 et que] 1545 f. veu que.
33 Messateurs] 1545 f. Messatiers.

alleguent cest exemple du viel Testament pour deffendre leurs
ceremonies, nous avons à noter quelle difference il y a entre ce
qu'ilz font et ce que Dieu avoit commandé au peuple d'Israel.
Quand il n'y auroit que cela, que ce qu'on observoit lors estoit
fondé sus le commandement du Seigneur, et au contraire, toutes 5
leurs frivoles n'ont nul fondement que des hommes, encore y
auroit il grosse dissimilitude. Mais nous avons bien d'advantage
pour les reprouver. Car ce n'est pas sans cause que nostre Seigneur
avoit ordonné telle forme pour un temps, afin qu'elle print fin et
fust abroguée quelque fois. Car pource qu'il n'avoit encores point 10
donné si grand' clairté de doctrine, il vouloit que ce peuple là
fust exercité en plus de figures, pour recompenser ce qui deffailloit
en autre endroit. Mais depuis que JESUS Christ a esté manifesté
en chair, lors, d'autant plus que la doctrine a esté esclaircie, les
figures ont esté diminuées. Puis donc que nous avons le corps, il 15
nous fault delaisser les umbres. Car si nous voulons remettre sus
les ceremonies qui sont abolies, c'est refaire le voile du Temple que
Jesus Christ a rompu par sa mort, et obscurcir d'autant la clairté
de son Evangile. Ainsi nous voyons qu'une telle multitude de
ceremonies en la Messe est une forme de Juifverie, pleinement 20
contraire à la Chrestienté. Je n'entens pas de reprouver les
ceremonies, lesquelles servent à l'honnesteté et ordre publique,
et augmentent la reverence du Sacrement, moyennant qu'elles
fussent sobres et convenables. Mais un tel abysme sans fin et
mesure n'est nullement tolerable, veu mesme qu'il a engendré 25
mille superstitions, et a mis le peuple comme en stupidité, sans
apporter aucune edification.

De cela on peult aussi veoir le different que doyvent avoir *Resumé*
avecques les papistes ceux à qui Dieu a donné intelligence de sa
verité. Pour le premier, ilz ne doubteront pas que ce ne soit un 30
sacrilege abominable, de reputer que la Messe soit un sacrifice,
par lequel la remission des pechez nous soit acquise, ou bien que le
Prestre soit comme mediateur pour applicquer le merite de la
mort et passion de Christ à ceux qui achepteront sa Messe, ou y

3 au peuple d'Israel] 1541 au peuple d'Israel de faire.
4 que cela] 1545 f. que ce poinct seul.
5 sus] 1545 f. sur. *The words* et au contraire, *essential to the meaning, are missing
in* 1541 *and* 1542.
10 Car pource] 1545 f. C'est pource.
11 grand' clairté] 1545 f. grande clairté.

assisteront, ou y auront devotion. Mais au contraire, ilz auront pour conclud que la mort et passion du Seigneur est le Sacrifice unique, par lequel il a esté satisfaict à l'ire de Dieu, et justice perpetuelle nous a esté aquise; pareillement, que le Seigneur Jesus est entré au Sanctuaire celeste, afin d'apparoistre là pour nous, et interceder avec la vertu de son Sacrifice. Au reste, ilz concederont bien que le fruict d'icelle mort nous est communiqué en la Cene: non point par le merite de l'œuvre, mais à cause des promesses qui nous y sont données, moyennant que nous les recevions en Foy. Secondement, ilz ne doyvent nullement accorder que le pain soit transsubstantié au corps de Jesus Christ, ne le vin en son sang; mais doyvent persister en cela, que les signes visibles retiennent leur vraye substance, pour nous representer la verité spirituelle dont nous avons parlé. Tiercement, ja soit qu'ils doyvent tenir pour certain, que le Seigneur nous donne en la Cene ce qu'il nous y figure, et par ainsi que nous y recevons vrayement le corps et le sang de Jesus Christ; neantmoins ilz ne le chercheront pas comme enclos soubz le pain, ou attaché localement au signe visible, tant s'en fault qu'ilz adorent le Sacrement; mais ilz esleveront plustost leurs entendemens et leurs cœurs en hault, tant pour recevoir Jesus Christ que pour l'adorer. De là viendra qu'ilz mespriseront et condamneront pour idolatrie toutes ces faceons superstitieuses, tant de porter le Sacrement en pompe et procession, que de luy construire des tabernacles pour le faire adorer. Car les promesses de nostre Seigneur ne s'estendent pas oultre l'usage qu'il nous en a laissé. Apres ilz tiendront que priver le peuple d'une des parties du Sacrement, assavoir du calice, c'est violer et corrompre l'ordonnance du Seigneur; et que pour la bien observer, il est necessaire de distribuer entierement l'un et l'autre. Finalement ilz reputeront que c'est une superfluité non seulement inutile, mais aussi dangereuse et mal convenable à la Chrestienté, d'user de tant de ceremonies prinses des Juifz, oultre la simplicité que les Apostres nous ont laissée. Et que c'est encore plus grand' perversité de celebrer la Cene par mines et je ne scay quelles basteleries, sans que la doctrine y soit recitée, mais plustost y est ensepvelie, comme si la Cene estoit une espece d'art Magique.

4 pareillement] 1541 et apres.
33 grand' perversité] 1545 f. grande perversité.
35 mais plustost y est ensepvelie] 1545 f. mais où plustost elle est ensevelie.

Pour faire fin, il est temps de venir au dernier poinct principal.
C'est de la contention qui a esté debattue de nostre temps touchant
ceste matiere. Or pource qu'elle a esté mal-heureuse, comme le
diable, sans doubte, l'a suscitée pour empescher, voire mesme du
tout rompre le cours de l'Evangile, je desirerois que la memoire en 5
feust du tout abolie; tant s'en fault que je me delecte à en faire
long recit. Neantmoins, pource que je voy beaucoup de bonnes
consciences troublées, pource qu'elles ne scavent de quel costé se
tourner, j'en diray en brief ce qui me semblera advis estre
necessaire, pour leur monstrer comment elles se doyvent resouldre. 10
Premierement, je prie au Nom de Dieu tous fideles de ne se point
trop scandalizer, de ce qu'un si grand different a esté esmeu
entre ceux qui devoyent estre comme Capitaines, pour remettre la
verité en lumiere. Car ce n'est pas chose nouvelle, que le Seigneur
permette ses serviteurs en quelque ignorance, et souffre qu'ilz 15
ayent debat les uns contre les autres. Non pas pour les delaisser là
tousjours, mais seulement à un temps, afin de les humilier. Et de
fait, si tout feust venu à souhait jusque à maintenant sans aucun
destourbier, les hommes se fussent possible mescongneuz, ou la
grace de Dieu eust esté moins congneuë qu'il n'appartenoit. Ainsi 20
le Seigneur a voulu oster toute matiere de gloire aux hommes,
afin d'estre seul glorifié. D'advantage, si nous considerons en quel
abysme de tenebres le monde estoit, quand ceux qui ont esmeu
ceste controversie ont commencé de nous reduyre à la verité, nous
ne nous esmerveillerons point de ce qu'ilz n'ont pas tout congneu 25
du commencement. C'est plustost miracle que nostre Seigneur, en
si petit de temps, les a tellement illuminez qu'ilz ont peu ainsi
sortir de ceste fange d'erreurs, et en retirer les autres, en laquelle
on avoit esté plongé si long temps. Mais il n'est rien meilleur que
de reciter comment la chose est allée, pour ce que de là il apparois- 30
tra qu'on n'a point si grande occasion de se scandalizer en cest
endroit tant qu'on pense communement. Quand Luther commencea à enseigner, il traictoit en telle sorte la matiere de la Cene,
que touchant la presence corporelle de Christ, il sembloit advis
qu'il la laissast telle que le monde la concevoit pour lors. Car en 35
condamnant la transsubstantiation, il disoit le pain estre le corps

1–3 Pour faire fin…mal-heureuse] 1541 D'autant que la contention, laquelle
a esté trop aigrement debatue de nostre temps a esté maleureuse.
7 long recit] 1541 un long recit.

de Christ, d'autant qu'il estoit uny avec. Oultre plus, il adjoustoit des similitudes, lesquelles estoient un peu dures et rudes. Mais il le faisoit comme par contrainte, pource qu'il ne pouvoit autrement expliquer son intention. Car il est difficile de donner à entendre
5 une chose si haulte, sinon en usant de quelque improprieté. D'autrepart se leverent Zuingle et Oecolampade, lesquelz, considerans l'abuz et tromperie que le Diable avoit mis sus, en establissant une telle presence charnelle de Christ qu'on avoit enseignée et tenue plus de six centz ans, penserent qu'il n'estoit
10 pas licite de dissimuler. Mesmes puis que cela emportoit une idolatrie execrable, en ce que Jesus Christ y estoit adoré comme enclos soubz le pain. Or pource qu'il estoit fort difficile d'oster ceste opinion, enracinée si long temps aux cueurs des hommes, ilz appliquerent tout leur entendement à crier àlencontre, remonstrans
15 combien c'estoit une lourde faulte de ne recongnoistre point ce qui est tant testifié en l'Escriture, touchant l'Ascension de Jesus Christ, et qu'il a esté receu en son humanité au ciel, là où il demourera jusques à ce qu'il descende pour juger le monde. Cependant qu'ilz s'amusoyent à ce poinct, ilz oublioient de
20 monstrer quelle presence de Jesus Christ on doit croire en la Cene, et quelle communication de son corps et de son sang on y receoit. Tellement que Luther pensoit qu'ilz ne vousissent laisser autre chose que les signes nudz, sans leur substance spirituelle. Ainsi il commencea à leur resister en barbe, jusque à les denoncer pour
25 Heretiques. Depuis que la contention feust une fois commencée, elle s'enflamba tousjours avec le temps, et ainsi a esté demenee trop amerement par l'espace de quinze ans ou environ, sans que jamais les uns ayent voulu escouter les autres d'un cueur paisible. Car combien qu'ilz ayent une fois conferé ensemble, neantmoins il
30 y avoit telle alienation qu'ilz s'en retournerent sans aucun accord. Mesme, au lieu d'approcher de quelque bon appoinctement, ilz se sont tousjours recullez de plus en plus, ne regardans autre chose que à deffendre leur sentence, et confuter tout ce qui estoit au contraire. Nous avons donc en quoy Luther a failly de son costé,
35 et en quoy Oecolampade et Zuingle ont failly du leur. C'estoit du commencement l'office de Luther d'admonnester qu'il n'entendoit pas establir une telle presence locale que les Papistes la songent. Item, de protester qu'il ne vouloit pas faire adorer le Sacrement au lieu de Dieu. Tiercement, de se abstenir de ces

similitudes tant rudes et difficiles à concevoir, ou en user moderement, les interpretant en sorte qu'elles ne peussent engendrer nul scandale. Depuis le debat esmeu il a excedé mesure, tant en declarant son opinion, comme en blasmant les autres avec une amertume de parolle trop rigoureuse. Car, au lieu de s'exposer en telle sorte qu'on peust recevoir sa sentence, selon sa vehemence accoustumée, pour impugner les contredisans, il a usé de formes hyperboliques de parler, lesquelles estoyent bien dures à porter à ceux qui autrement n'estoyent pas fort disposez à croire à son dire. Les autres ont offensé aussi, en ce qu'ilz se sont tellement acharnez à crier contre l'opinion superstitieuse et fantastique des Papistes, touchant la presence locale du corps de Jesus Christ dedans le Sacrement, et l'adoration perverse qui s'en ensuyvoit, qu'ilz se sont plus efforcez de ruiner le mal, que d'edifier le bien. Car combien qu'ilz n'ayent pas nié la verité, toutesfois ilz ne l'ont pas enseignée si clairement qu'ilz devoyent. J'entens qu'en mettant trop grand' peine à maintenir que le pain et le vin sont nommez corps et sang de Christ, à cause qu'ilz en sont signes, ilz n'ont pas regardé d'adjouster qu'ilz sont tellement signes, que la verité est conjoincte avec. Et ainsi protester qu'ilz ne pretendoyent nullement d'obscurcir la vraye communion que nous donne le Seigneur en son corps et son sang par ce Sacrement.

L'une partie et l'autre a failly en n'ayant point la patience de s'entre escouter, afin de suyvre la verité sans affection, où elle seroit trouvée. Neantmoins, si ne devons nous pas laisser de penser quel est nostre devoir. C'est de n'oublier les graces que le Seigneur leur a faictes, et les biens qu'il nous a distribuez par leurs mains et par leur moyen. Car si nous ne sommes point ingratz et mescongnoissans de ce que nous leur devons, nous leur pourrons bien pardonner cela et d'advantage, sans les blasmer ne diffamer. Brief, puis que nous les voyons avoir esté, et estre encore en partie, de vie saincte et scavoir excellent, et de zele singulier à edifier l'Eglise, nous en devons tousjours juger et parler avec modestie et reverence. Mesme, puis qu'il a pleu en la fin à nostre bon Dieu, apres les avoir ainsi humiliez, de mettre fin à ceste mal-heureuse disceptation, ou pour le moins de l'appaiser, en attendant qu'elle soit du tout decidée. Je dy cela, pource qu'il n'y a point encores eu

7 de formes] 1549 des formes.
17 grand' peine] 1545 f. grande peine.

de formulaire publié où fust arrestée la concorde, comme il en
seroit bien mestier. Mais ce sera quand il plaira à Dieu d'assembler en un lieu tous ceux qui ont à le composer. Cependant il nous
doit suffire qu'il y a fraternité et communion entre les Eglises; et
5 que tous accordent, entant qu'il est necessaire pour convenir
ensemble, selon le commandement de Dieu. Nous confessons donc
tous d'une bouche qu'en recevant en Foy le Sacrement, selon
l'ordonnance du Seigneur, nous sommes vrayement faictz participans de la propre substance du corps et du sang de Jesus
10 Christ. Comment cela se fait, les uns le peuvent mieux desduire et
plus clairement exposer que les autres. Tant y a que d'une part il
nous fault, pour exclurre toutes fantasies charnelles, eslever les
cueurs en hault au ciel, ne pensant pas que le Seigneur Jesus soit
abbaissé jusques là, d'estre encloz soubz quelques elemens
15 corruptibles. D'autrepart, pour ne point amoindrir l'efficace de ce
sainct mystere, il nous fault penser que cela se fait par la vertu
secrette et miraculeuse de Dieu; et que l'Esprit de Dieu est le
lien de ceste participation, pour laquelle cause elle est appellée
spirituelle.

FIN.

EXCUSE DE
JEHAN CALVIN,

A MESSIEURS LES NICODEMITES,

sur la complaincte qu'ilz
font de sa trop
grand' rigueur.

AMOS V.

*Odio habuerunt corripientem in porta, et loquentem
recta abominati sunt.*

1544.

Odio habuerunt...] *in the* 1551 *edition this passage appears at the end of the treatise.*

Esa. 30.

Ce peuple est un peuple rebelle, et ce sont hypocrites; gens qui refusent de ouyr la Loy du Seigneur. Qui disent à ceux qui voyent, Ne voyez point; et à ceux qui considerent, Ne nous considerez point les choses droictes, mais parlez choses qui nous plaisent, et voyez des deceptions.

In the 1551 edition this passage appears at the end of the treatise.

Quand on allegue ces proverbes de Salomon, que la correction ouverte est meilleure que l'amour cachée, et que le chastiment d'un amy est bon et fidele, il n'y a nul qui ne s'y accorde. Mais quand ce vient à les practiquer, il n'y a nul qui y vueille mordre. Je dy cecy, pource que j'ay escrit un traicté, où je remonstre qu'un homme fidele conversant entre les papistes ne peut communiquer à leurs superstitions, sans offenser Dieu. Ceste doctrine est claire. Je l'ay prouvée par tesmoignages de l'Escriture, et raisons si certaines qu'il n'est pas possible d'y contredire. Qui plus est, il y a une raison peremptoire, laquelle conclud en un mot. Car puis que Dieu a creé noz corps comme noz ames, et qu'il les nourrist et entretient, c'est bien raison qu'il en soit servy et honoré. D'autre-part, nous savons que le Seigneur nous fait cest honneur, d'apeller non seulement noz ames ses temples, mais aussi noz corps. Or je demande s'il est licite de profaner le temple de Dieu? et s'il ne faut pas qu'il soit desdié à son honneur du tout, et par consequent entretenu en pureté entiere, sans aucune pollution? Davantage, puis que le corps d'un homme fidele est destiné à la gloire de Dieu, et doit estre participant une fois de l'immortalité de son royaume, et estre faict conforme à celuy de nostre Seigneur Jesus, c'est une chose trop absurde, qu'il soit abandonné à aucune pollution, comme de le prostituer devant une idole. Brief, ou nous sommes du tout à Dieu, ou seulement en partie. Si nous sommes siens du tout, glorifions-le tant de corps que d'esprit. Quand donc je requiers qu'un homme fidele se garde songneuse-ment d'idolatrer pour complaire aux hommes, et de faire semblant par dehors de consentir à ce qu'il congnoist en sa conscience estre mauvais et contre Dieu, il appert evidemment que cela est plus que raisonnable.

Toutesfois il y en a d'aucuns qui me trouvent trop rigoreux et, qui plus est, se plaingnent de moy, à cause que je les traicte trop inhumainement. Si on demande la cause de leur mescontente-

5 je remonstre] 1551 f. je monstre.
30–1 et, qui plus est] 1551 f. qui plus est.

ment, c'est d'autant qu'ilz ne peuvent souffrir qu'on leur gratte
leur rongne. Car quelle apparence ont ilz pour s'excuser, comme
si je les condamnois à tort? Ilz n'ont pour tout potage que ce
miserable subterfuge, que l'affection interieure est à Dieu, quelque
5 semblant qu'ilz facent devant les hommes. Mais qu'est-ce que cela
veut dire, sinon qu'ilz font un partage entre Dieu et le Diable,
pour reserver l'ame à l'un, en donnant le corps à l'autre? Ilz
retienent bien le cueur à Dieu, pour le moins comme ilz disent;
mais ilz ne font point difficulté d'abandonner leurs corps à choses
10 profanes et meschantes. Je vous prie, Dieu se peut il contenter
d'un tel meslinge? Celuy qui a dit que tout genoil se ploira
devant lui, et que toute langue confessera son nom, souffrira-il
qu'on s'agenoille devant les idoles? Ainsi comme j'ay dit du
commencement, touchant la doctrine, elle est claire et facile à
15 decider, si on veut acquiescer à la verité. Et les probations sont
tant liquides, que c'est impudence de tergiverser au contraire.

Neantmoins il se faict. Et ceux qui le font, donneroyent
voulentiers à entendre que ce n'est pas sans beaucoup de bonnes
raisons; combien que, tout bien compté, la principale est qu'il leur
20 semble avis qu'il n'y a pas tant de mal que j'ay crié. Voire; mais
qu'est-ce qui leur faict sembler? Pource qu'ilz ont certaines
couvertures, pour s'excuser ou amoindrir leur faute. Mais je
voudrois bien savoir quelles excuses ilz peuvent amener, outre
celles que j'ay desja monstré, si pleinement que rien plus, estre
25 du tout frivoles et de nulle valeur. Ainsi, pour bien exprimer quelz
ilz sont, je ne saurois user de comparaison plus propre, qu'en les
accouplant avec les cureurs de retretz. Car comme un maistre
Fifi, apres avoir long temps exercé le mestier de remuer l'ordure,
ne sent plus la mauvaise odeur, pource qu'il est devenu tout
30 punetz, et se moque de ceux qui bouchent leur nez; pareillement
ceux cy, s'estans par accoustumance endurcis à demeurer en leur
ordure, pensent estre entre des roses, et se moquent de ceux qui
sont offensez de la puanteur, laquelle ilz ne sentent pas. Et afin de
mener la comparaison tout outre: comme les maistres Fifiz, avec
35 force aulx et ognons s'arment de contrepoison, afin de repoulser
une puanteur par l'autre, semblablement ceux cy, afin de ne
point flairer la mauvaise odeur de leur idolatrie, s'abbreuvent de

11 ploira] 1551 f. ployera.
21-2 certaines couvertures] 1551 f. vaines couvertures.

mauvaises excuses et perverses, comme de viandes puantes et si
fortes, qu'elles les empeschent de tout autre sentiment. Mais c'est
une povre et malheureuse provision, quand on se rend stupide,
pour ne point sentir son mal.

Je ne parle pas icy en general de tous ceux qui sont encor
detenuz par leur infirmité en ceste captivité de Babylonne, où ilz
se polluent en se meslant aux superstitions des idolatres. Car il y
en a plusieurs, qui congnoissent en leurs cueurs et confessent de
bouche leur povreté, et sont là à regret, gemissant continuelle-
ment à Dieu, et luy requerant mercy. Mais je m'adresse seulement
à ceux qui, pour se justifier, cherchent tous subterfuges qu'il leur
est possible, et se moquent des remonstrances qu'on leur fait, ou
en sont marriz et s'en despitent, jusque à blasphemer Dieu.
Pource qu'ilz empruntent le nom de Nicodeme, pour en faire un
bouclier, comme s'ilz estoyent ses imitateurs, je les nommeray
ainsi pour ceste heure, jusque à tant que j'aye monstré combien ilz
font grand tort à ce sainct personnage, en le mettant de leur ranc,
et qui plus est se glorifiant de son exemple. Mais devant toutes
choses, je voudrois bien qu'ilz ostassent une faulse opinion qu'ilz
ont. C'est qu'il leur semble que je leur fais la guerre comme de
propos deliberé, à fin de leur insulter, ou pour trouver à mordre
sur eux. Voila pourquoy ilz ne se veulent nullement laisser veincre.
En cela ilz s'abusent doublement. Car je puis protester en verité,
devant Dieu et ses anges, que mon intention n'est pas autre que de
procurer, entant qu'en moy est, que nous servions Dieu tous
ensemble, purement. Et ne suis pas tant inhumain, que je ne soye
plustost esmeu d'avoir compassion d'eux, quand je les voy en telle
abysme, que de les piquer ou les mordre, ou bien les mespriser et
mettre bas, à fin d'avoir d'autant plus beau lustre de mon costé.
Pleust à Dieu que j'eusse plustost occasion de les louer, que de les
accuser. Car ce n'est pas une chose où je prene plaisir. Secondement, ilz ne pensent point que ce n'est pas à moy qu'ilz ont à faire;
mais que Dieu est leur partie. Or, en repliquant contre luy, il est
certain qu'ilz ne font que regimber contre l'esperon. Que gaignent
ilz donc à murmurer que je leur suis trop rude? veulent ilz que je
les benisse, en ce que Dieu les condamne? Et quand je le feray,
dequoy leur servira mon absolution? Car ce n'est pas à moy de

9 gemissant] 1551 f. gemissans.   27 telle abysme] 1558 tel abysme.
32 à faire] 1551 f. affaire.

vivifier ce que nostre Seigneur condamne à mort; ny d'adoulcir sa
sentence, comme pour corriger la rigueur d'icelle. Parquoy, il
me fait mal que ces povres gens s'acharnent tellement à moy, qu'il
leur semble avis qu'il n'est question que de venir à bout d'un
5 homme; et cependant ne regardent point qu'ilz s'ahurtent contre
Dieu. Je les prie donc et admoneste, de ne se plus tromper, en me
choisissant pour leur accusateur; mais plustost que, congnoissant
que jamais ilz n'auront bonne cause contre Dieu, et mesme qu'en
voulant plaider, ilz ne feront que l'empirer, ilz deliberent de se
10 humilier devant leur juge, et laissant là toutes tergiversations, ilz
recongnoissent paisiblement leur faute. De ma part, je ne puis
pas dire que le blanc soit noir, pour leur gratifier.

Or pource que ces Nicodemites ne sont pas tous d'une sorte, il
sera bon que je touche icy en passant les especes principales que
15 je congnois. Les premiers sont ceux qui pour entrer en credit, font
profession de prescher l'Evangile; et en donnent quelque goust au
peuple, pour l'amieller. Car voyans qu'une grande partie du
monde est faschée de l'asnerie des caffartz, et se moque de leur
sotte façon d'enseigner, ilz ne voyent point de meilleur moyen
20 d'acquerir bruit et reputation, que d'user de ceste amorse pour
attirer les gens à eux. Mais cependant, leur intention est d'abuser
de l'Evangile, et s'en servir à faire un maquerellage, pour leur
gaigner quelques Benefices, ou remplir leur bourse, comment que
ce soit. Et pourtant, apres avoir appasté leurs auditeurs, en leur
25 proposant du commencement quelques poinctz de saine doctrine
et pure, ilz les entretienent puis apres en sorte que jamais ne les
amenent à la congnoissance de la droicte verité. Il est bien vray
que tous ne se peuvent pas avancer egalement, d'autant que les
uns marchent plus grans pas que les autres. Mais celuy qui ne
30 peut attraper une crosse aspire à un prioré, ou une cure. Il y a
aussi des moines, qui se contentent bien d'avoir grasses questes et
bons repas, par faute de mieux. Ayans ce but, ilz n'ont garde de
faillir à me condamner comme trop rigoreux, et se plaindre de
moy, veu que je leur arrache le pain des mains. Mesmes aucuns

1–2 ny d'adoulcir sa sentence] 1551 f. d'adoucir ceste sentence.
7 congnoissant] 1558 cognoissans.
9 empirer, ilz deliberent] 1551 f. empirer, qu'ilz deliberent.
10 laissant] 1551 f. laissent. ilz recongnoissent] 1551 f. qu'ilz recognoissent.
14–15 que je congnois] 1551 f. que j'en cognois.

d'entre eux ne se contenteront point de cela; mais à fin d'estre
mieux prisez, font bien semblant de mespriser les livres de ceux
qui leur ont appris tout ce qu'ilz savent, et sans la lecture desquelz
ilz seroyent plus muetz que poissons, s'ilz ne vouloyent se faire
moquer des auditeurs, en caffardant. J'en pourrois alleguer assez 5
d'exemples. Mais ce que j'en dy est pour les admonester, et leur
donner occasion d'entrer en leurs consciences, plustost que de les
diffamer envers les autres.

Ce sont ceux qui ont tousjours le mot d'edification en la bouche.
Et se plaisent tellement en ce qu'ilz font, qu'il leur semble 10
proprement avis, qu'il n'y ait qu'eux au monde qui sache l'art
d'edifier. Pleust à Dieu qu'ilz s'en acquitassent si bien qu'il n'y
eust que redire. Je ne leur en porteroye point d'envie, quant à
moy. Mais quoy? qu'ilz entrent en leurs consciences; et puis
qu'ilz me sachent à dire, à quelle intention ilz chantent messe, 15
laquelle ilz congnoissent estre un sacrilege abominable; et induisent
les autres par leur exemple à idolatrer. Qu'ilz respondent à Dieu,
et non pas à moy, s'ilz ne regardent pas à s'edifier eux mesmes, non
pas selon l'ame, mais pour le bien du corps. Quelcun me demandera icy, si j'ay telle estime de tous les prescheurs qui, estans en 20
pays papistes, s'approchent le plus qu'ilz peuvent de la pure
doctrine, encor qu'il y ait beaucoup d'infirmité, et mesme qu'ilz
n'enseignent qu'à demy. Ja à Dieu ne plaise. Car aucontraire, je
suis tout persuadé qu'aucuns y vont de bon zele, cherchans
l'honneur de Dieu, et le salut du peuple, non pas leur profit 25
corporel. Mais il est certain que ceux qui se mettent ainsi en
cholere pour maintenir leur idolatrie, et taschent de la couvrir
soubz l'ombre d'edifier, sont apres pour faire leur cas; et, comme
j'ay dit, s'edifient des maisons pour l'aisance et commodité de
leurs corps, au lieu d'edifier l'eglise de Dieu. Quant est de l'edifi- 30
cation de leurs prochains, ilz devroyent noter ce que sainct Paul
monstre, assavoir qu'on peut edifier tant en mal comme en bien.
Car en amusant le povre peuple, et l'entretenant en idolatrie, que
font ilz autre chose que l'endurcir? S'ilz se glorifient en ce
malheureux bastiment, je leur quitte le jeu. Voila donc la 35
premiere espece de ceux qui se mescontentent de moy: assavoir les

3 ce qu'ilz savent] *is the* 1551 f. *reading;* 1544 ce qui savent.
18 regardent] 1551 se gardent.
33 en amusant] 1551 amusant.

prescheurs, qui au lieu de s'exposer à la mort, pour relever le
vray service de Dieu, en abolissant toutes idolatries, veulent faire
Jesus Christ leur cuisinier, pour leur bien apprester à disner. De
ceux qui ont droicte affection, encor que je les reprene en ce
qu'ilz defaillent, je say qu'ilz confesseront plustost la debte, que de
contester contre les remonstrances qu'ilz voyent estre de Dieu,
entant qu'elles sont prises de sa simple parolle.

Il y a puis apres une seconde secte. Ce sont les prothonotaires
delicatz, qui sont bien contens d'avoir l'Evangile, et d'en deviser
joyeusement et par esbat avec les Dames, moyennant que cela ne
les empesche point de vivre à leur plaisir. Je mettray en un mesme
ranc les mignons de court, et les Dames qui n'ont jamais apprins
que d'estre mignardées, et pourtant ne savent que c'est d'ouyr
qu'on parle un peu rudement à leur bonne grace. Je ne m'esbahy
pas si tous ceux là font une bende contre moy et, comme s'ilz
avoyent serment ensemble, condamnent tous d'une bouche ma
trop grande austerité. Et de faict, je m'y suis bien attendu devant
le coup. Et maintenant il m'est avis que je les oy: Qu'on ne nous
parle plus de Calvin, c'est un homme trop inhumain. Comment?
si nous le voulions croire, non seulement il nous feroit belistres,
mais il nous merroit incontinent au feu. Y a-il propos de nous
presser en telle sorte? s'il veut que chacun le ressemble, et s'il est
marry de nous voir plus à notre aise qu'il n'est, que nous en chaut-
il? nous sommes bien icy; qu'il se tiene là où il est, et qu'il laisse
chacun en repos. La conclusion est que je ne say que c'est du
monde. Quand ilz en ont bien compté pour se flatter l'un l'autre,
il leur semble qu'ilz se sont bien vengez de moy. Voire; mais que
feront-ilz à Dieu, auquel je les renvoye, et lequel les adjourne au
son de la trompette? Un prothonotaire se pourra bien moquer du
crucifix, aux despens duquel il meine joyeuse vie en banquetz, en
jeuz, en danses et en toute braveté. Car ce n'est qu'un marmoset.
Mais Dieu ne se laisse pas moquer en ceste façon. Un courtisant
peut bien parler en risée et moquerie de toutes les bastelleries
ausquelles s'amuse le monde pour servir Dieu. Car puis que ce
n'est que service d'Idoles, de toutes les superstitions qui ont esté
forgées à la phantasie des hommes, il ne faut pas craindre de s'en
moquer. Mais quand on nous parle des sainctz commandemens de
Dieu, il n'est pas question de faire le niquet. Une dame peut bien

21 merroit] 1558 meneroit.

faire la figue à un messire Jehan qu'elle craingnoit au paravant
comme foudre, pource qu'il falloit, bon gré mal gré, pour le moins
une fois l'an venir à luy, et luy reveler tous ses menuz secretz. Car
elle sait que Dieu ne l'astraint pas à cela. Mais ce pendant il faut
venir à jubé devant Dieu. Ceste confession interieure de noz   5
consciences ne s'abolist point par l'Evangile. Mais au lieu que
nous faisions par cy devant nostre compte avec un prestre, il
nous faut maintenant compter avec Dieu. Je voudrois bien povoir
impetrer d'eux, aussi bien, qu'au lieu de tenir bon contre moy, en
se gaudissant de mes remonstrances, ilz pensassent qu'il faut une   10
fois comparoistre devant Dieu, pour estre jugez par ceste mesme
parolle que je leur propose maintenant. Quant à moy, je ne me
suis point loué à eux pour leur complaire.

Il y a la troisiesme espece, de ceux qui convertissent à demy la
Chrestienté en philosophie, ou pour le moins ne prenent pas les   15
choses fort à cueur, mais attendent, sans faire semblant de rien, voir
s'il se fera quelque bonne reformation. De s'y emploier, entant
qu'ilz voient que c'est chose dangereuse, ilz n'y ont point le cueur.
Davantage, il y en a une partie d'eux, qui imaginent des idées
Platoniques en leurs testes, touchant la façon de servir Dieu; et   20
ainsi excusent la pluspart des folles superstitions qui sont en la
Papauté, comme choses dont on ne se peut passer. Ceste bende est
quasi toute de gens de lettres. Non pas que toutes gens de lettres en
soyent. Car j'aimerois mieux que toutes les sciences humaines
fussent exterminées de la terre, que si elles estoyent cause de   25
refroidir ainsi le zele des Chrestiens, et les destourner de Dieu.
Mais il se trouvera beaucoup de gens de estude, qui s'endorment
en ceste speculation: que c'est bien assez qu'ilz congnoissent Dieu,
et entendent quel est le droict chemin de salut, et considerent en
leurs cabinetz comment les choses doyvent aller; au reste qu'ilz   30
recommandent à Dieu en secret d'y mettre remede, sans s'en
entremesler ny empescher, comme si cela n'estoit point de leur
office. Qui plus est, se moquent de ceux qui le font, et les arguent
d'inconsideration. Or quand je composay le livre duquel il est
question, il me estoit aisé de prevoir qu'il ne seroit pas le bien venu   35
non plus envers telle maniere de gens. Parquoy il ne me doit
sembler estrange, s'il m'en est autant avenu comme j'en avois
pensé. Toutesfois, je les prie: si ce sont advocatz, qu'ilz ne

31-2 sans s'en entremesler] 1551 f. sans s'entremesler.

prenent point une cause si ruineuse à defendre, de laquelle ilz ne puissent avoir autre fin, que d'en tomber en confusion. Si ce sont juges, qu'ilz ne s'ingerent point de prononcer sentence sur la parolle de Dieu, laquelle n'est pas subjette à leur jurisdiction;
5 mesme, que se defians d'eux mesmes, et se tenans pour suspectz en propre cause, ilz se deportent d'en juger; mais qu'avec crainte et reverence ilz s'en tienent à l'arrest que Dieu le souverain juge en aura donné. Si ce sont medecins, qu'ilz n'appliquent point d'emplastres superflues et de nul profit, pour cacher le mal, qui ne
10 se peut guarir qu'en le descouvrant. Si ce sont philosophes ou dialecticiens, qu'ilz ne convertissent point, à colorer le mensonge, les sciences que Dieu a revelées au monde à fin de les faire servir comme aydes et instrumens à la verité; et ne pensent point que la verité de Dieu, que l'escriture appelle invincible, soit si
15 foible qu'ilz la puissent en la fin opprimer par belles apparences de raisons, ou subtilité de subterfuges. Si ce sont gens qui s'appliquent à lire les sainctes lettres, qu'ilz se gardent bien d'encourir à leur escient à ceste tant horrible malediction, laquelle est là denoncée à tous ceux qui diront le mal estre bien.
20   Je mettray en la quatriesme espece les marchans et le commun peuple; lesquelz se trouvant bien en leur mesnage, se faschent qu'on les viene inquieter. Ainsi, pource qu'il leur semble que je n'ay point assez d'esgard à leur commodité, ilz ne me veulent point avoir pour docteur. Et leur semble bien avis, que quand ilz
25 auront rejecté mon conseil, qu'ilz en seront quittes devant Dieu. Combien que de ceux cy il y en a moins que des autres, d'autant qu'ilz ont plus de simplicité et de rondeur, que ceux que j'ay recitez cy dessus; et pourtant n'ont point tant de cavillations pour resister à la verité. Tant y a neantmoins qu'il n'y a estat dont il ne
30 s'en trouve quelques uns qui, en contrefaisant les Nicodemites, sont mal contens de moy; comme si je les pressois sans raison et outre mesure. Voila comme il faut qu'un serviteur de Dieu se prepare à acquerir beaucoup de malles graces, quand il voudra fidelement remonstrer à chacun ses vices. Et n'est pas sans cause,
35 qu'en proverbe commun on dit que c'est le loyer de la verité.

8 qu'ilz] *is the* 1551 f. *reading*; 1544 qui.
18 à ceste] 1551 f. ceste.
21 trouvant] 1551 f. trouvans.
30 quelques uns] 1551 f. quelcuns.

Quant à moy, il ne me fait mal, sinon d'autant que je les voy tant
adonnez à eux mesmes, que si Dieu ne leur complaist en tout et
par tout, ilz se despitent incontinent contre luy; d'autre part, que
je les voy si mal affectionnez au sainct Evangile, lequel ilz font
profession de suyvre et tenir, que quand il ne leur chante pas   5
chanson plaisante, ilz sont quasi prestz de tout renoncer incontinent. S'ilz ne le font du premier coup, on vient facilement de l'un
à l'autre. Car s'ilz s'obstinent au jourdhuy en un poinct contre
Dieu, pour ne point prester l'oreille à ce qu'il dict, mais plustost
murmurer à l'encontre, ilz feront bien demain le semblable en un   10
autre; jusqu'à ce qu'ilz prenent toute la doctrine en haine ou en
desdaing, pour n'en vouloir plus jamais ouyr parler. Mon office
est de prendre peine et desirer que la doctrine que j'annonce soit
en salut à tous. Mais quand j'en ay faict mon devoir, s'il en
advient autrement, je m'accorde à la volunté de Dieu. Quant aux   15
Lucianiques ou Epicuriens, cestadire tous contempteurs de Dieu,
qui font semblant d'adherer à la parolle, et dedans leurs cueurs
s'en moquent, et ne l'estiment non plus qu'une fable: je n'en ay
pas voulu icy parler. Car ce seroit bien temps perdu, de les vouloir
gaigner par admonition. Seulement j'ay comprins en ces quattre   20
especes, cy dessus couchées, ceux qui ont quelque estincelle de
crainte de Dieu, et portent quelque reverence à sa parolle, toutesfois n'ont pas encor si bien profité en l'eschole de Jesus Christ,
qu'ilz sachent que c'est de renoncer à soymesme, et oublier le
monde et sa propre vie, pour servir à l'honeur de Dieu.   25

Je demande donc à tous ceux qui sont telz, quelle raison ilz ont
de dire que je suis trop extreme, d'autant que je ne leur permetz de
se contaminer en idolatries manifestes, et choses desquelles leurs
consciences propres leur rendent tesmoignage, qu'elles sont meschantes et damnables. Il n'est pas icy question de leur opinion ou   30
de la miene. Je monstre ce que j'en trouve en l'escriture. Et ne me
suis pas hasté d'en faire une resolution, sans y bien penser plus de
trois fois. Qui plus est, ce que je dy est tant notoire, que nul ne
peut dire le contraire, sans nier pleinement la parolle de Dieu.
Car je ne dy rien de moy; mais je parle comme par la bouche du   35
maistre, allegant tesmoignages expres pour approuver toute ma
doctrine depuis un bout jusqu'à l'autre. S'ilz pensent qu'il leur
soit licite d'approuver ce que Dieu a condamné, en le fardant de
belles couleurs, ilz s'abusent. Et s'ilz le veulent faire trouver bon à

Dieu, ilz s'abusent doublement. L'un dira: pour avoir moyen
d'edifier, je chante la messe, combien que je sache que c'est un
sacrilege, auquel Jesus Christ est grandement blasphemé. Prenons
le cas que son intention fust droicte: s'ensuit-il qu'il face bien? Il est
5 vray que nostre Seigneur fera bien quelquefois par sa providence,
que sa parolle s'avance par voyes illicites. Comme il est si bon
ouvrier, qu'il sait tourner le mal en bien. Mais s'ensuit il pourtant
qu'il approuve que cela se face, ou qu'il l'excuse quand il est fait,
comme si ce n'estoit point peché? De moy, je suis bien aise et
10 remercie Dieu, quand j'entens qu'il y a ouverture quelque part à
sa parolle, et que quelque prescheur a introduict aucunement le
peuple à un petit commencement de droicte intelligence. Si
j'entens que quelcun ait encor davantage annoncé la verité et le
regne de Christ, j'en ay double joye. Mais ce pendant, s'il y a
15 de l'infirmité et imperfection, je ne laisse pas de la tenir pour
vitieuse. Or je leur demande en conscience si c'est un vice legier,
ou à dissimuler, qu'un homme qui monte en chaire pour representer la personne de Jesus Christ, et parler en son nom et en son
auctorité, comme ambassadeur envoyé de par luy, face semblant
20 de consentir à une abomination, laquelle contrevient plus-que
directement à la principalle doctrine de l'Evangile. Ainsi toutes
fois et quantes qu'ilz m'allegueront l'intention qui les meine, je
leur respondray promptement qu'il n'est pas loisible de faire mal,
à fin que bien en adviene.
25   Tant moins est digne d'estre ouye la complaincte qu'ilz font
tous, tant petis que grans, tant lais que gens d'eglise. Comment?
Quitterons nous tout, pour nous en fuir, ne sachant où? Ou bien,
nous exposerons nous à la mort? Qu'on reduise en un sommaire
tout ce qui se peut dire de cest argument, et tout ce que de faict
30 ilz ont accoustumé d'amener et recueillir; c'est autant comme
s'ilz disoyent: Comment? ne povons nous servir à Dieu, et suyvre
sa parolle, sans souffrir persecution? S'ilz veulent estre bons
Chrestiens à ceste condition là, il faut qu'ilz peignent un Jesus
Christ tout nouveau. Quelcun d'entre eux me repliquera, que si le
35 Seigneur envoye les persecutions, il les faut bien porter en patience;
mais qu'il est bon de les eviter tant qu'on peut, et sur tout se
donner garde de ne les susciter par nostre inconsideration. Je
confesse bien tout cela. Mais quand nous cherchons d'avoir ceste

27 sachant] 1551 f. sçachans.   31 servir à Dieu] 1551 f. servir Dieu.

Landry.

paction avec Dieu, de ne rien endurer pour sa parolle, n'est-ce pas vouloir transfigurer Jesus Christ, pour l'avoir tel que nostre chair l'appete? Et que font autre chose ceux qui amenent cela pour un grand inconvenient, qu'ilz ne peuvent faire ce que je requiers sans danger de mort, ou sans tout abandonner? Si je dy rien de ma teste, qu'il soit tenu pour frivole, sans alleguer autre raison. Mais si Dieu nous appelle à susciter la rage des infideles contre nous, pour glorifier son nom, ou de nous retirer en lieu auquel nous le puissions adorer purement, quel honneur luy faisons nous, d'user de telles repliques? Et quelle folie est-ce à nous, de le penser contenter de telle monnoye?

Jesus Christ a prononcé une fois que quiconque tiendra son ame pretieuse en ce monde, il la perdra. Quand donc ceux cy mettent en avant pour excuse qu'il se faudroit hazarder à la mort, s'ilz faisoyent ce que je leur monstre par l'escriture, ne veulent ilz pas contraindre Jesus Christ à retracter sa sentence? Mais nostre nature ne porte point cela, disent ilz. Qui est-ce qui l'ignore? Mais où est la vertu de l'esperit de Dieu, laquelle devoit apparoistre en nous? Si les fideles de l'Eglise primitive en eussent autant dict, que seroit devenue la Chrestienté? Ne feust elle pas perie et abolie, devant que jamais venir en estre? Que je crains bien que la congnoissance que Dieu nous a donnée aujourdhuy si ample de sa verité, ne nous viene en tant plus grieve condamnation. Toute la theologie des martyrs anciens estoit de savoir qu'il n'y avoit qu'un seul Dieu qu'on deust adorer, et qu'en luy seul on devoit mettre sa fiance entierement; que le vray service qu'il requiert estoit de l'adorer et invoquer, et, en recongnoissant avec louanges et actions de graces que tous biens vienent de luy, le servir selon sa parolle, vivant en bonne conscience. Item, qu'il n'y avoit salut et vie ailleurs qu'en Jesus Christ. Et n'avoyent pas une congnoissance tant haute de ces choses, qu'ilz les peussent desduire subtilement, ny par le menu, mais seulement les tenoyent en simplicité. Neantmoins avec cela, ilz s'en couroyent d'un cueur allaigre au feu ou à autre supplice de mort; voire mesme les femmes y portoyent leurs enfans. Nous qui sommes si grans docteurs aupris, et savons tant bien deviser de toutes matieres, ne savons que c'est de rendre tesmoignage à la verité de Dieu au besoing, et d'approuver nostre Chrestienté.

27 en recongnoissant] 1551 f. recognoissant.

Mais encor, le pire est qu'il ne suffist point à d'aucuns de faire telles complainctes, pour s'exempter de la loy commune que nostre Seigneur impose à tous Chrestiens; mais s'arment de ces parolles, comme de blasphemes, pour se rebequer contre Dieu.

5 J'appelle blasphemes, quand suyvant leur prudence humaine, ilz se persuadent que c'est le moyen de bien avancer l'Evangile, de participer à l'idolatrie des papistes, et ne se point mettre en danger pour cela. Si les Apostres eussent eu ceste phantasie, je vous prie où en fussions nous? Ilz alleguent qu'il est expedient d'y

10 proceder petit à petit. Je leur confesse. Et leur accorde qu'il faut commencer par quelque bout, et faire le fondement devant que venir au sommet; semblablement, que tout ne se peut faire ensemble; et pour tant, qu'il convient y aller par ordre. Mais quel fondement est-ce qu'ilz font, en edifiant par leur exemple une

15 abomination qui est si contraire à Dieu: assavoir l'idolatrie manifeste? L'autre couverture semblable qu'ilz alleguent est aussi bien un blaspheme oblique, avec ce qu'il n'y a qu'hypocrisie et mensonge. Nous dissimulons, disent ilz, et faisons beaucoup de choses contre nostre cueur, pour gaigner noz prochains et susciter

20 de jour en jour nouvelle semence. Par ce moyen l'Eglise se conserve et augmente. Autrement elle periroit. Est-ce l'estime qu'ilz ont de Dieu, qu'il ne pourroit confermer son Eglise, s'ilz ne luy aidoyent par leur feintise, laquelle il condamne et rejette si fort? Quel honneur font ilz aux Apostres, de dire que ce seroit

25 gaster tout, et ruiner l'Eglise, d'ensuyvre la hardiesse dont ilz ont usé, en plantant le Regne de Jesus Christ? Et quand ainsi seroit, qu'ilz n'auroient point honte d'accuser les Apostres d'imprudence, que diront ilz de l'issue que nostre Seigneur a donnée à leur constance et à l'ardeur de leur zele? Se peuvent ilz vanter d'avoir

30 jamais dressé une Eglise de dix personnes en un village, avec leur si grand discretion, et sagesse tant circonspecte; au lieu que tout le monde a esté gaigné par la simple predication de l'Evangile? Et puis, je m'en rapporte à leur conscience, si c'est cela qui les meine, et non plus tost la crainte qu'ilz ont de leur peau. Il est plus que

35 certain, que ce qu'ilz pretendent pour couleur, est bien loing de leur pensée. Combien qu'il ne me chaut pas beaucoup d'insister en ce poinct. Car tout au mieux qu'on peut prendre ceste defense, desja elle emporte ces blasphemes: que le moyen que Dieu a

22 confermer] 1551 f. conserver.

ordonné de promovoir l'Evangile, n'est pas bon ny utile; que sa vertu, laquelle il a demonstrée jusque icy, à conserver son Eglise, est defaillie; qu'au lieu d'avancer sa parolle en confiance de sa vertu, il convient d'y proceder par sagesse humaine.

De ceste mesme source procedent toutes les cavillations dont ilz usent. C'est qu'ilz ne se peuvent renger à donner ceste gloire à Dieu, qu'en le laissant gouverner et conduire les choses pour les amener à bon poinct, ilz facent sans contredict ce qu'il leur commande, sans se soucier de ce qui en aviendra, sinon pour luy recommander l'evenement, afin qu'il le donne bon. Voicy leurs argumens. Si tous les fideles vouloyent fuyr l'idolatrie, que seroit-ce? Les pays où il y a grande semence de Dieu demeureroyent desers. Je respons que c'est à Dieu d'y prouvoir. Je respons secondement que le partement d'un homme presche aucunefois en plus grande efficace qu'il ne pourroit pas faire de sa bouche. Tiercement je respons que je ne demande pas qu'on s'en aille. La terre est au Seigneur; seulement qu'on le serve en pure conscience par tout où on sera. Quand on ne pourra plus consister en un lieu, faisant son devoir, qu'on se recommande à luy. Quartement je respons que c'est follie à un chacun, de plaider ainsi pour tous. Car nous savons que ce qui fut dict à sainct Pierre s'adresse aussi bien à nous. Que te chaut il qu'il sera faict des autres? suis moy. Il est vray que nous devons avoir le soing de noz prochains; mais pour nous ayder mutuellement, non par pour prendre occasion de nous retarder, ou de reculer. Finallement je respons que de penser à ce danger, c'est penser de quel vin nous beuvrons d'icy à mil' ans. Car Dieu ne distribue pas à tous ses graces en mesme mesure, ny en mesme façon. Ainsi c'est en vain qu'ilz craignent que les pays ne demeurassent desproveuz de Chrestiens. Plus tost l'Evangile fructifieroit cent fois davantage. Brief si ce poinct estoit gaigné sur eux, qu'ilz ne s'amusassent plus à leur maudicte prudence charnelle, nous serions tantost d'accord ensemble.

Je n'ay pas entreprins de refuter icy toutes leurs objections. Car je l'ay desja faict plus-que suffisamment au traicté dont ilz se complaignent. Seulement j'ay voulu toucher en passant, que c'est qu'ilz profitent, à murmurer ainsi contre Dieu; afin qu'ilz apprenent de s'en deporter, voyant que ce n'est qu'empirer leur cause de plus en plus. Au reste, je les veux bien aussi avertir que c'est une

27 mil' ans] 1551 f. mille ans.

grande ingratitude à eux, d'user des propos qu'ilz tienent: Puis
que Calvin faict tant du vaillant, que ne vient il icy, pour voir comment il s'y portera? Il faict comme les capitaines qui poulsent les
souldars à la breche pour recevoir les coups, ce pendant demeurent
5 loing du danger. Par ce moyen les anciens fideles se fussent moquez
de toutes les exhortations des Apostres, quand ilz les solicitoyent à
endurer persecutions continuelles pour le nom de Jesus Christ; ne
fleschir pour rien qui leur avint; perdre leurs biens joyeusement;
endurer les opprobres du monde, d'un cueur allegre; et mourir
10 constamment, quand le plaisir de Dieu seroit tel. Car ilz eussent
peu dire: Venez y vous mesmes, et monstrez nous le chemin.
Quelcun dira que les Apostres en avoyent bien leur part, et
pourtant que cela leur donnoit l'audace de requerir des autres par
parolles, ce qu'ilz leur monstroyent par effect. A cela je respons
15 que chacun d'eux exhortoit souvent à patience et constance une
Eglise, dont il s'en estoit fuy pour le danger. Je vous prie, quand
l'Apostre dit aux Hebrieux: Vous n'avez pas encor resisté jusqu'au
sang; ne pouvoyent ilz pas bien repliquer: Es tu marry, ou si tu
nous porte envie, de ce que nous ne sommes de pire condition que
20 toy? Mesme, pour le faire court, que pouvoit on dire à sainct
Pierre, quand il remonstroit aux fideles que c'est la vraye beati-
tude, que d'endurer pour le nom de Jesus? Or les fideles de ce
temps là ont receu telles exhortations avec reverence; comme au
jour d'huy font ceux qui ont la crainte de Dieu, sachans que
25 l'homme ne se peut gaudir des admonitions sainctes, prinses de la
parolle de Dieu, qu'à sa confusion. Quant est de moy, je ne me
vanteray pas d'avoir beaucoup enduré. Mais je puis bien dire
qu'il n'a pas tenu quelques fois à m'exposer au danger. Et puis
qu'ilz m'accomparent à un capitaine, pourquoy sont ilz si malings
30 et inhumains, de ne se contenter que je face autant en ceste
bataille spirituelle que nous avons contre le regne de Sathan,
qu'on pourroit demander d'un bon et fidele capitaine, qui servira
à un prince terrien? Combien qu'ilz s'abusent en ce qu'ilz me
mettent si loing des dangers. Car encor que la persecution ne soit
35 pas au jourd'huy prochaine et eminente sur moy, je ne scay ce qui
me pourroit demain avenir. Tant y a que je serois bien beste, si
des ceste heure je ne m'y preparoye, pour n'estre pas surprins.
Quant il en faudra là venir, j'espere bien en mon Dieu qu'il me
fera la grace de glorifier son nom par mon sang, aussi bien que je

faiz maintenant avec la langue et la plume, et sans me feindre non
plus. Et de faict, en cela ilz confessent leur turpitude, quand ilz ne
savent plus que faire, sinon de courir à reproches et maledicence.

Mais il leur semble avis qu'ilz se maintienent encor honneste-
ment, pendant qu'ilz se peuvent cacher soubz la robbe de Nico-   5
deme; laquelle ilz font semblable au manteau de nostre Dame des
Carmes de Paris. Car il me souvient qu'il y a là une legion de
moines, comme poulsins soubz les ailes de leur mere. En ceste
maniere, ceux cy estendent si loing le manteau du bon Nicodeme,
qu'ilz en sont tous couvers. Au moins ilz le pensent. Car à la verité, 10
quand chacun en a voulu tirer un pan à soy, ilz l'ont tant tiré çà et
là, qu'ilz l'ont tout deschiré, non seulement par pieces, mais par
filletz. Comment donc est-ce qu'ilz s'y cachent, dira quelcun. Il
leur en advient comme aux perdris, lesquelles pensent estre bien
mussées, quand elles peuvent trouver un trou pour fourrer la   15
teste. Ainsi ce manteau de Nicodeme, soubz lequel ilz se pensent
mettre à sauveté, n'est sinon une faulse imagination, de laquelle
ilz se deçoyvent; comme s'ilz bouchoyent leurs yeux à fin qu'on
ne les vist pas. Car qu'ont ilz de semblable à Nicodeme? C'est,
disent ilz, qu'il est venu voir nostre Seigneur de nuict, et ne se est 20
pas declairé estre de ses disciples. Je leur confesse que Nicodeme,
devant qu'estre illuminé, a cherché les tenebres. Mais de puis que
le soleil de justice eut luict sur luy: assavoir s'il demeura tousjours
en sa cachette? Or au contraire, nous voyons la declaration qu'il
fit, voire au temps que tout estoit desesperé. Assavoir, quand il vint 25
avec Joseph d'Arimathie, demander à Pilate le corps de nostre
Seigneur, pour l'ensevelir. Notons le temps. Voila les prestres,
pharisiens, et tous les autres ennemis de la verité, qui triomphent,
comme ayans tout gaigné. Les povres fideles de l'autre costé sont
bien estonnez et quasi esperduz, voyans leur maistre et sauveur,   30
auquel ilz ont eu toute leur esperance, trespassé; et son corps
pendu au gibbet, entre des malfaicteurs et brigans. Les pharisiens
et scribes et prestres sont aux escoutes, pour voir si quelcun osera
sonner mot. Car ilz ne se contentent point de l'avoir mis à mort,
sinon que la memoire en soit du tout abolie. Ilz sont encor   35
enflambez de la rage qu'ilz ont exercée contre sa personne, pour la
desployer contre tous ses membres. Le peuple est esmeu aussi bien;
en sorte que Nicodeme estoit asseuré, qu'en se monstrant disciple

16 ce manteau] 1551 f. le manteau.

ou amateur de Jesus Christ, il suscitoit la fureur de tout le monde
contre soy. Neantmoins il en faict profession evidente, devant tous.
Il ne craint point la honte et l'opprobre. Il ne craint point la haine.
Il ne craint point le tumulte. Il ne craint point les persecutions.

5 Voila Nicodemiser; si nous prenons Nicodeme Chrestien, et non
pas en son ignorance, devant qu'il sceust que c'estoit de Jesus
Christ. Mais quoy? Ceux cy veulent ensuyvre ce qu'a faict
Nicodeme du temps de son infidelité. Mais à l'exemple qu'il leur
monstre apres avoir congneu Jesus Christ, ilz n'y veulent entendre.

10 Somme, Nicodeme est venu à Jesus Christ de nuict, du temps de
son ignorance. Apres avoir esté instruict, il le confesse apertement
de jour, voire à l'heure qu'il y avoit plus grand peril que jamais;
parquoy ceux qui se couvrent de son exemple, luy font grande
injure, et ne profitent non plus que si un persecuteur de la

15 Chrestienté s'excusoit sur sainct Paul. Et n'a pas esté en cest acte
seul que Nicodeme avec grand danger de sa personne s'est
monstré Chrestien. Desja il commença de se hazarder pour Jesus
Christ, quand en l'assemblée des meschans il soustint contre tous
qu'on ne le devoit condamner sans congnoissance de cause. Il est

20 vray qu'il ne faisoit pas encor confession entiere. Mais si estoit-ce
beaucoup s'avancer, de resister luy seul à l'impetuosité furieuse de
tous les iniques. Maintenant il y aura en une assemblée trois ou
quatre de ces Nicodemites, qui souffriront sans sonner mot qu'un
povre Chrestien soit cruellement condamné à mort. Et Dieu

25 vueille que nul d'eux n'y consente. Voila donc la vraye façon de
Nicodemiser. C'est de se conformer avec le temps, pour s'avancer
journellement à donner gloire à Dieu. Possible qu'en un poinct on
leur pourroit accorder qu'ilz ressemblent à Nicodeme. C'est qu'ilz
ensevelissent maintenant Jesus Christ, comme il a faict une fois.

30 Mais il y a grande difference entre les deux sepultures. Car Nicodeme a seulement ensevely le corps, et l'a embaumé, afin que
l'odeur en fust bonne et pretieuse. Ceux cy ensevelissent corps et
ame, humanité et divinité. Et le tout sans honeur. Nicodeme l'a
ensevely pendant qu'il estoit mort. Ceux cy le veulent enterrer

35 apres qu'il est resuscité. Ainsi, qu'ilz se deportent doresnavant de
faire un bouclier de Nicodeme, pour dire qu'il leur soit licite de
dissimuler leur Chrestienté, jusqu'à se polluer en idolatrie. Veu

28 pourroit accorder] 1551 f. pourroit bien accorder.
29 maintenant] *omitted* 1551 f.

que Nicodeme a monstré cent fois plus de constance en la mort de
Jesus Christ, qu'ilz ne font tous ensemble apres sa resurrection.

Il est temps de conclurre, pour mettre fin au present traicté. Je
croy que tous ceux qui ont une goutte de sain jugement voyent
bien qu'ilz n'ont aucune raison de m'accuser, comme si j'estois 5
trop rude et aspre, en exigeant des Chrestiens ce que nostre
Seigneur leur commande expressement par sa parolle, et non plus.
A ceux qui ont les oreilles tant douillettes qu'ilz ne peuvent porter
cela, je respons que ma doctrine n'est pas dure; mais c'est la
dureté de leur cueur qui la leur faict trouver telle. S'il y a diffi- 10
culté à le faire, ce n'est pas à dire que nostre devoir n'y soit. Je say
bien que ce n'est pas à un chacun particulier de reformer un pais,
quand les choses y vont mal. Et aussi je ne requiers pas cela d'eux;
mais tant seulement qu'un chacun se reforme en son endroit, ne
communiquant point au mal. Si ce leur est chose fascheuse quant à 15
la chair, je ne m'en esbahis point. Mais s'ilz congnoissent ce que
je leur en dy estre bon et salutaire, qu'ilz avisent d'en faire leur
profit, plutost que d'ensuyvre les phrenetiques, en frappant et
outrageant le medecin, qui met peine de les secourir. Je ne prens
pas plaisir à les contrister. Neantmoins si je les puis amener à une 20
tristesse telle que dict sainct Paul, assavoir qui engendre repentance en eux, je ne m'en repentiray point. Car ce sera leur profit.
S'ilz s'en contristent pour se despiter, j'en suis marry. Car je ne
desire pas leur ruine, et n'en voudrois estre cause. Mais la faute
leur en sera imputée, non pas à moy. 25

Jusque icy j'ay parlé à ceux qui font des sages contre Dieu, pour
se justifier maugré luy, en ce que pour complaire au monde, ilz
ne font nulle difficulté de se polluer en idolatrie. Maintenant
j'adresseray mon propos à ceux qui, estans aussi en pais papistes,
avec crainte et humilité recongnoissent le povre estat où ilz sont, 30
et viennent à regret au milieu des abominations qu'ilz sont contrainctz d'y voir, et mesme ausquelles il leur advient quelque fois
de se polluer par infirmité. Je considere bien qu'ilz sont en merveilleuse perplexité. D'autrepart, je say qu'il convient tellement
traicter les consciences timides et espovantées, qu'on ne les mette 35
point en desespoir. Or on peut voir par le traicté, que je n'ay pas
esté tant inhumain que je n'aye eu esgard de consoler ceux qui
sont telz. Il est vray que j'y ay tenu le moyen lequel Dieu me

permet, et non pas tel que le monde l'appete. C'est que sans les
flatter en leur peché, je les ay exhortez à prier Dieu conti-
nuellement, voire confessant leur povreté avec gemissemens et
douleur, pour en obtenir pardon; se recommander à luy, et le
5 prier que par sa bonté infinie il les vueille delivrer de ceste
captivité, ou leur donner force et constance de preferer l'honneur
de son nom à leur propre vie; et ce pendant se soliciter par chacun
jour, de se mettre en devoir. Je persevere encor à present en cela;
et desire de tellement reconforter ceux qui faillent, que ce pendant
10 ilz ne s'endorment point en nonchalance, et ne s'endurcissent
point contre Dieu. Et de faict, les consolations Chrestiennes ne
sont pas d'endormir les pecheurs, leur faisant à croire que le mal
est bien; mais apres les avoir humiliez, et mesme abatuz devant
Dieu, les induire pour remede unique à prier Dieu, demander
15 mercy et implorer son ayde, pour sortir de la fange où on est.
Quiconque ne se contente de cela, qu'il cherche ailleurs un
Balaam, pour benire ce que Dieu a maudict. Car ce n'est pas mon
office, ne ma coustume.
　　Or ce qui me faict insister en ce poinct avec plus grande
20 vehemence, c'est pource que je ne doute pas que jusque à ceste
heure la plus part n'ait grandement provoqué l'ire de Dieu, en
estimant si peu, et quasi prenant cela pour jeu, de le deshonorer,
en se meslant avec les idolatres, pour communiquer à leurs
superstitions. C'est desja un grand crime de commettre idolatrie
25 exterieure, abandonnant son corps, qui est le temple de Dieu, à
pollution telle que l'escriture condamne autant ou plus que
paillardise. Et n'est pas une faute legiere, de transferer l'honneur
de Dieu à une idole; je dy mesme la reverence exterieure, qui est
signe et tesmoignage de l'honneur spirituel. Car c'est faire pro-
30 fession de consentir à l'idolatrie, et l'approuver. Et n'est pas peu
de chose, de donner mauvais exemple à ses prochains, pour
confermer les ignorans en erreur, et troubler les infirmes, ou les
scandalizer. Mais quand avec tout cela nous adjoustons une
impudence, et que comme paillardes effrontées nous nous tor-
35 chons la bouche, pour dire que nous n'avons rien fait de mal, c'est
despiter Dieu apertement, et quasi de propos deliberé le provoquer
au combat, et l'armer à faire vengeance contre nous. Comme
aussi il le monstre par son prophete Esaie, jurant estroictement

21–2 en estimant] 1551 f. en l'estimant.

qu'une telle iniquité ne sera jamais remise. Nous voyons comme
David, estant fugitif au pais des Philistins, encor qu'il ne fust pas
contrainct d'idolatrer, ne regretoit rien plus que d'estre privé de ce
bien, de se povoir assembler avec les fideles, pour prier en leur
compagnie, se confermer par l'usage des sacremens, et ouyr la loy   5
du Seigneur. Il ne luy challoit au pris de cela d'estre banny du
Royaume, lequel Dieu luy avoit donné; d'estre dechassé arriere de
ses parens et amis; et d'estre despouillé de sa femme. Car nous ne
lisons pas qu'il ait faict lamentations de ces choses, comme de
ce qu'il n'avoit plus acces au temple de Dieu. Parquoy tous ceux   10
qui sont en pais où il n'y a point forme d'Eglise, ordonnée comme
il appartient pour adorer Dieu et l'invoquer, ouyr sa parolle, et
user de ses Sacremens, devroient bien desja avec Daniel souspirer
de ce qu'ilz n'ont pas, et ne peuvent avoir, les choses tant necessaires à tous fideles. Car nous ne saurions mieux monstrer que nous   15
sommes enfans incorrigibles, qu'en estant stupides aux verges de
Dieu. Or ceste est la verge que nous devons avoir en horreur sur
toutes les autres, quand il nous oste les enseignes, par lesquelles il
testifie sa presence au monde. Mais encor ceste verge est plus
rigoreuse beaucoup, quand il permet que nous soyons subjectz à   20
ceste captivité, d'adorer les idoles, au lieu de luy. N'est ce pas donc
un trop grand mespris de Dieu, de ne s'emouvoir point, et quasi se
rire, quand par signes evidens il se monstre courroucé contre nous,
voire beaucoup plus grievement que s'il nous affligeoit de peste, de
guerre, et de famine tout ensemble.   25

Parquoy, tout bien regardé, je ne puis autrement juger, comme
j'ay desja dict, sinon qu'une telle mescongnoissance est cause que
nostre Seigneur les delaisse en ceste confusion. Car si tous d'un
commun accord reputoyent bien quelle est leur malheureté, et se
deplaisoyent de ne point glorifier Dieu comme ilz sont tenuz; le   30
priant d'avoir pitié d'eux, et les visiter en main forte, pour les
retirer de cest abysme; il est certain qu'il exauceroit leurs gemissemens. Et si cela eust esté faict par cy devant, nous eussions ja
senty sa benediction autrement qu'elle ne s'est pas monstrée. Car
jusqu'à ce que nostre mal nous presse, nous ne sommes pas   35
capables de recevoir la grace de Dieu, pour y subvenir. Davantage,
ceste pusillanimité qu'ilz ont est un autre empechement pour

16 estant] 1551 f. estans.
31 priant d'avior] 1551 priant avoir; 1558 prians avoir.

retarder Dieu de faire son œuvre. Ilz devroyent bien faire cest
honneur à Dieu, de se confier en luy, qu'il pourra bien trouver des
moyens que nous ne povons concevoir, pour avancer son regne; et
en ceste confiance s'employer un peu plus hardiment, chacun
5 selon son estat et faculté. Mais quoy? Devant que rien oser attenter
pour l'honneur de Dieu, tous disent d'une voix qu'il s'en faut
deporter, pource qu'on ne profiteroit de rien. Ne sont ilz pas bien
dignes que Dieu retire sa benediction d'eux, et cache sa vertu, puis
qu'ilz sont si ingratz que de le faire ainsi impuissant? Qui plus est,
10 il y a grand danger pour l'avenir que le Seigneur ne face reculler
le cours de sa parolle entre eux, pour punir une telle timidité. Et
quand cela sera avenu, il ne faudra imputer la faute qu'à nous,
d'autant que nul n'y aura voulu mettre seulement le petit doigt
pour y aider, comme nous y estions tous tenuz; et que ceste crainte
15 sera procedée de defiance, entant que nous aurons mesuré la vertu
du Seigneur infinie, selon nostre apprehension. Ainsi, que chacun
se fortifie en la fiance de Dieu, pour avoir meilleur courage à
mettre la main à la paste, comme on dit: c'est à dire, mettre peine
à exalter le Regne de nostre Seigneur Jesus, bataillant contre
20 toutes les resistances de Sathan. Que les prescheurs n'ayent point
tant d'esgard à se contregarder, qu'à faire ce que leur vocation
porte, et ce qu'ilz promettent en montant en la chaire de verité,
faisant profession de parler au nom de nostre Seigneur Jesus. Que
le peuple face valoir la doctrine qu'il aura receuë, et que tous la
25 facent fructifier, en la publiant de main en main. Au reste, puis
que David, voulant faire une protestation commune à tous fideles,
dit qu'il ne participera point aux sacrifices des idoles, et ne prendra
leur nom en sa bouche, c'est bien pour le moins, que ceux qui
declinent de ceste pureté recongnoissent leur faute, et prient Dieu
30 incessamment, tant de leur pardonner, que de les reduire au droit
chemin. Et que nul ne fuye, de peur d'ouyr sa condamnation, ou
bousche les oreilles, ou ferme les yeux; comme plusieurs pensent
avoir beaucoup gaigné, en s'abstenant de lire bonne doctrine, à
fin de n'entrer point en compte avec Dieu. Car je denonce à tous
35 ceux qui ne voudront escouter sa parolle, pour estre repris et
menacez d'icelle, qu'ilz sentiront sa main, laquelle leur sera
beaucoup plus rude, et les fera crier beaucoup plus amerement,

35 pour estre] 1551 f. pour n'estre.

helas, helas, voire en leur confusion; au lieu que la parolle leur doit estre en remede pour leur salut.

FIN.

Ps. 141.

Corripiat me justus in misericordia, et redarguat me. Oleum autem pretiosum   5
non frangat caput meum.

Pro. 15

Qui odit correptionem, peribit.

16.

Qui abjicit castigationem, contemnit animam suam. Qui autem audit cor-   10
reptionem, possidet cor.

4 *The* 1551 *edition inserts the two quotations from the title pages before the* **three** *quotations of the* 1544 *edition. The* 1558 *edition omits all the quotations.*

NOTES

49. lines 4–5: Augustine, *De Opere Monachorum* xxviii: '...alii membra martyrum, si tamen martyrum, vendidant.' (*Patrologia latina*, ed. Migne, xl, 575.)

12: The Reformers believed that the Early Church had preserved the truth of Christianity intact, but that it had become progressively corrupted during the succeeding centuries. The Reformation was conceived as a return to the original purity of the Gospel. Thus Calvin quotes early Church Fathers as relatively (though not infallibly) authoritative, but does not accept later writers. See note to p. 6. l. 11 below. See also the *Institution, Epistre au Roy*, ed. Benoît, i. 36–40, for Calvin's defence against the accusation that he rejected the authority of the early Church.

19: 'pour suyvre leur exemple': in Protestant teaching saints are admired as models to be followed; but they have no influence of their own on Divine counsel.

26: Perhaps an allusion to Rom. i. 21.

50. 5: 'superstition': Latin meaning, 'excessive religiosity'.

8: The first edition gave a marginal note 'au dernier du Deuter.': see Deut. xxxiv. 6.

13: First edition margin: '2 Cor. 7'. In fact the reference is to II Cor. v. 16.

18: 'pretendre': Latin meaning, 'to put forward' (as an argument, or excuse).

32: First edition margin: 'en l'oraison de la mort de Theodosius'. Ambrose, *Oratio de Obitu Theodosii*, § 46: '[Helena] invenit ergo titulum, Regem adoravit, non lignum utique: quia hic gentilis est error, et vanitas impiorum; sed adoravit illum, qui pependit in ligno.' *P.L.*, xvi, 1464.

51. 4: One of the accusations of the Reformers was that the cult of saints in the Roman Church was a survival of pagan worship. Cf. p. 74 l. 23 below.

52. 1: See Romans i. 21–3; II Thess. ii. 11–12.

7–8: Gen. iii. 19.

26: Calvin treats this aspect of the subject in the *Institution*, in particular I. xi.

33: 'preoccupé': Latin meaning, 'already concerned with something else'.

53. 28: 'le membre d'un cerf': the Latin translation reads *penem cervi*.

54. 4: 'en voyant, de ne veoir goutte': an allusion to Matt. xiii. 13.

35: 'les Princes Chrestiens': Calvin was constantly concerned to influence the rulers of Europe in the sense of the Reformation; witness his dedication of the *Institution* to François I, and his correspondence with the Kings of England and Navarre.

55. 10–11: 'C'est que...qu'on verroit clairement': this pleonastic use of conjunctions is very frequent in Calvin, as indeed in his contemporaries. Cf. Huguet, *Étude sur la syntaxe de Rabelais*, 370–1.

15 ff.: 'corps miraculeux': a reference to transubstantiation; see the *Traité de la Cène*, and Introduction, pp. 17–18.

21: 'le Prepuce': Calvin's remarks about the incompleteness of his information is borne out by this example. He notes two manifestations of this 'relic' here, and a third at the end of the treatise. But the *Dictionnaire d'archéologie chrétienne* notes seven.

24: Luke ii. 21.

31–2: 'Cela est leur dire, qui auroit...': '...if anyone should'. See Gougenheim, *Grammaire de la langue française du seizième siècle*, p. 98.

56. 1: The Cathedral of St John Lateran was the focal point of the Roman Church for nearly 1000 years. The adjoining Palace was the Papal residence from the time of Constantine until after the return of the Papacy from Avignon. It is not surprising that the Cathedral features so frequently in the pages which follow; moreover, Calvin appears to have had access to an inventory of the relics at the Cathedral, perhaps based on the eleventh-century inventory of John the Deacon, which coincides well, though not perfectly, with Calvin's information. See the *Dict. arch. chr.* under 'Latran'. There was also a catalogue, now lost, made under Leo X (1513–21), which Calvin may have used.

26: 'Sainct Salvador en Hespaigne': the Cathedral of Oviedo.

27: 'la chemise': according to the inventory of John the Deacon, this garment was the seamless robe mentioned at the Crucifixion (see p. 64 below).

57. 5: The destruction of Jerusalem by the Romans, A.D. 70.

7: 'Heleine': see below, p. 60 and notes.

8–9: St Gregory the Great, Pope from 590 to 604.

15: 'Pias fraudes': see Introduction, p. 16.

19: Luke ii. 46–7.

20: 'Temple Salomon': an Old French construction for the possessive with names of persons, already archaic in the sixteenth century. See Gougenheim, *Grammaire*, 210–11.

22: 'L'Evangeliste n'en parle point': in his *De Sacris Reliquiis Christi et sanctorum eius, Brevis contra Ioannis Calvini calumnias et blasphemias Responsio* (Mainz, 1549), Johannes Cochlaeus makes much of this argument from silence, frequently used by Calvin; it is, Cochlaeus points out, a schoolboy error of logic to adduce proof from the non-existence of an authority. Cochlaeus, however, fails to mention the reduplication of relics which forms the basis of Calvin's treatise.

58. 1: 'tous les lieux': the *Dict. arch. chr.* lists 35 claimants; all of the localities mentioned by Calvin are independently attested, except Pisa.

5–7: 'cinq quartes': approx. 2 gallons. 'Un muys': a liquid measure which varied according to province. The Parisian *muid* was approx. 60 gallons; the largest, that of Montpellier, was some 162 gallons. According to John ii. 6, the waterpots held 2–3 *metretes* each, i.e. 18–27 gallons.

11: John ii. 1–10.

20: 'sancta sanctorum': a chapel of the Cathedral of St John Lateran.

34: 'la forme des tables': the study of ancient customs and society as a means to the understanding of ancient literature, sacred or profane, is characteristic of the humanists of the period (cf. Rabelais, *Pantagruel* viii, where, alongside Plutarch's *Moralia* and Plato's *Dialogues*, Rabelais mentions particularly two works, by Pausanias and Athenaeus, which were highly prized source books for this type of study). Other examples of this in our treatise appear below—garments (p. 64), dice (p. 65), burial customs (p. 68).

59. 1: 'expressement dit en l'Evangile': John xiii. 25.

23 ff.: Exodus xvi. 32. Calvin is slightly disingenuous here; admittedly there is no mention of *relics* in the story of the feeding of the five thousand; but it is noted that twelve basketfuls of crumbs were gathered up after the meal (Matt. xiv. 20).

33: See Mark xi. 1–10 and the other Gospels. Again the *argumentum ex silentio*.

60. 11–14: The Invention of the Cross is recorded by St Ambrose (see p. 50 l. 32 n. above); Rufinus, *Historia Ecclesiastica* I. vii–viii (*P.L.* xxi, 475–7); Socrates, *Historia Ecclesiastica* I. xvii (*Patrologia graeca*, lxvii, 118–19); Sulpicius Severus, *Historia Sacra* II. 34 (*P.L.* xx, 148), and elsewhere. The 'proof' Calvin alludes to concerns miracles of healing or resuscitation performed by the cross immediately after its discovery.

On the authority of writers of the Early Church, see p. 49 l. 12 n. above. He clearly does not believe these 'miracles', but avoids contention by saying 'je m'en rapporte à ce qui en est'.

22: Socrates, *Hist. Eccl.* I. 17 (*P.G.* lxvii, 119).

61. 5: John xix. 17.

24: See note to p. 50 l. 32.

28: *Hist. Eccl.* I. 17 (*P.G.* lxvii, 118–19). Socrates wrote in the fifth century.

62. 11: First edition margin: 'Au second livre de l'histoire tripartite'. The *Histoire tripartite* is actually a conflation of the three histories of Theodoretus, Socrates and Sozomenus. The allusion here is to Theodoretus, *Ecclesiasticae Historiae libri quinque* I. 17 (*P.G.* lxxxii, 959).

13: *De Obitu Theodosii* § 47 (*P.L.* xvi, 1464–5).

29: 'quatorze': Collin de Plancy, *Dict. des Reliques*, lists 27.

32–3: 'passer soubz un fidelium': *fidelium* was the final word of the closing prayer of a Requiem Mass. An unscrupulous priest, paid to sing several Requiems for different people, might sing one Mass for all. The saying became generalized as an expression for treating a number of things alike. See Huguet, *Dictionnaire*, article 'fidelium'.

63. 21–2: 'sainct Jaques en Galice': more familiar as St James of Compostella.

64. 13–14: both are still there (*Dict. arch. chr.*, xv. ii, 2820–4).

28: 'choeton': properly χιτών, *chiton*. See note to p. 58 l. 34. A chasuble is a sleeveless vestment worn by the celebrant at Mass.

65. 18–19: 'jouë à la bianque': an Italian game (hence the spelling; the 1557 variant gives the gallicized form) popular in the sixteenth century. It is described by Estienne Pasquier, *Recherches de la France*, VIII, xlix, and is a form of lottery. Anyone wishing to participate purchased a token marked with a number and motto, which was placed in a pot. On the appointed day a blind man was placed between two containers, one being the pot with the marked tokens, the other containing a corresponding number of tokens, some blank, some indicating prizes. 'L'aveugle, ayant tiré d'une main la devise, il la bailloit à un homme qui estoit pres de luy, et de l'autre, dans lequel estoient contenus les *Benefices*, ou les *Blancques*, il tiroit pareillement un buletin qu'il bailloit à un autre homme qui le costoyoit de l'autre part. Tellement que le premier ayant fait recit hautement de la devise qui luy estoit mise entre mains avec son nombre, le second respondoit *Blancque* ou *Benefice*, selon le billet qui luy avoit esté rendu par l'aveugle, voulant par ce mot de *Blancque* signifier un rien, ou neant, pour celuy duquel on recitoit la devise, et le mot de *Benefice* emportoit quant et soy le gain de ce qui estoit contenu dans le billet, dont luy estoit puis apres faite delivrance.' (Cited by M. Psichari, in 'Les Jeux de Gargantua', *Revue d'Études Rabelaisiennes* vi (1908), 336–7.) The game is still known in Sicily.

20–4: Calvin's humanist learning goes astray here. Although there were forms of dice with symbols in the ancient world, dice as we know them have existed since 2000 B.C. at least. *Venus* and *chien*, in any case, refer not to the markings of individual dice, but to certain combinations of several dice: most commonly, *venus* represented four sixes, *canis* meant four aces.

35: 'Chambery': some of Frère Jean's victims at the Abbaye de Seuilly (*Gargantua* xxvii) cry to the 'sainct suaire de Chambery'. Rabelais adds that the shroud was destroyed by fire three months later; but, according to other sources, the fire (4 December 1532) destroyed the casket, leaving the shroud intact...According to the *Dictionnaire d'archéologie chrétienne*, the shroud then received extensive 'restoration' (lasting 46 years), after which it was deposited at Turin, where it still is.

'Cadoin en Limosin': of this shroud the *Dict. arch. chr.* says: 'un examen provoqué par les autorités ecclésiastiques révéla la provenance de l'objet qui porte, dissimulée dans les bandes ornementales, aux deux extrémités latérales, une inscription en caractères coufiques d'où il ressort que le voile en question a été tissé au temps du khalife fatimite Musta'li billah...qui régna de 1094 à 1101.'

66. 3: 'Aussoys': Alsace.

15: 'du Trier': ? misprint for 'du Trect', as in the preceding list.

24: 'toutes les femmes': a slightly disingenuous expression. There is no mention *by name* of Veronica in the Gospels; but Mark xv. 40–1 names two women, and adds: 'and many other women which came up with him unto Jerusalem'.

33 ff.: Cochlaeus, in his reply to Calvin, angrily comments: 'superbe praesumit idem Calvinus, docere Evangelistas, quomodo scribere debuissent'.

67. 11: John xx. 6–7.

68. 8–9: John xix. 40.

18: 'suaire': etymologically correct: Lat. *sudarium*, 'handkerchief, towel', from Greek σουδάριον, *soudarion*, 'a napkin or cloth to wipe off sweat with'. It is because of the *sudarium* used in the burial of Christ that the word *suaire* has now become a synonym of *linceul*.

69. 3–4: Matt. xxvii. 3–7.

15: The *scala santa*, which is still there.

70. 6: 'approuver': Latin meaning, 'to prove'.

18: 'Gaudefroy de Billon': Godefroi de Bouillon (1061–1100), leader of the First Crusade and first Christian ruler of Jerusalem; a man of notable piety, who endowed several monasteries.

28–31: Vespasian prosecuted the Jewish War from A.D. 67 until his elevation after the death of Nero, in A.D. 69; Titus then took over the campaign, and directed the capture of Jerusalem in the following year.

71. 3 ff.: 'Le Roy, que on appelle sainct Loys': see Introduction, p. 38.

14–15: 'la Mauritaine, que nous appellons aujourd'huy en vulgaire le pais des Indes': an inexplicable equivalence. Mauritania was the modern Morocco, with part of Algeria, and solidly Muslim; it has no connection at all with India (where pockets of Christianity have existed from a very early date).

72. 6: 'nostre maistre de Quercu': Guillaume Duchesne (latinized as *de Quercu*), doctor of theology and priest of St Jean en Grève, Paris, was known as a conservative among the Sorbonne doctors. See A. Renaudet. *Préréforme et humanisme à Paris...*(Paris, 1953), pp. 537 n., 647. 'C'était un savant prédicateur, bon catholique et ennemi des luthériens' (*Dict. des lettres françaises, le XVIe siècle*). Calvin is delighted to be able to cite a known reactionary in support of his case.

35: on the image in St John Lateran, see C. Cecchelli, 'Il Tesoro del Laterano, III: L'acherópita', in *Dedalo* vii (1926–7), 296–319.

73. 9: 'Eusebe': Eusebius of Caesaria (*c.* 265–340), author of a particularly important *Historia Ecclesiastica*, narrates the story of Abgar or Abgarus (*Hist. Eccl.* I. 13, *P.G.* xx, 119–30): the pagan king Abgar of Edessa, suffering from some mysterious illness, sent a létter to Jesus asking him to come to Edessa, and offering him asylum from the Jews; Jesus replied declining the invitation, but promising to send one of his followers. The secretary who carried the letters brought back a portrait of Christ to Edessa. However, Eusebius does not mention this portrait in his version of the story; the source for this part of the legend is the *Acta Thaddaei* (Greek text in *Acta Apostolorum Apocrypha*, ed. Lipsius and Bonnet (Hildesheim, 1959), i, 274). A mediaeval work, the *Historiae Sacrae Epitome* by Haymo of Halberstadt (died 813), does include mention of the portrait in an account otherwise ascribed to Eusebius (II. 5, *P.L.* cxviii, 825). It looks as if Calvin was using this or some similar compendium.

12: 'chroniques de Melusine': a highly popular mediaeval prose novel by Jean d'Arras, composed 1392–3; supposedly an account of the origins of the house of Lusignan, it is full of magical elements. Melusine herself is a fairy whose lower half turns into a serpent on Saturdays. Rabelais mentions her, *Quart livre* xxxviii.

20: 'la croix qui apparut à Constantin': see Eusebius, *De Vita Constantini* I. 28 (*P.L.* viii, 22) for an account. As Calvin says, the cross which Constantine saw was a vision; but Eusebius does go on (chs. 30 and 31) to describe in great detail the cross which Constantine had made (and which Eusebius himself saw) to commemorate the occasion. So the existence of a relic (apart from its duplication) is not as foolish as Calvin says.

74. 23 ff.: Cf. note to p. 51 l, 5.

75. 8: 'vache': Calvin seems intentionally to choose shocking terms (cf. also on

St John the Baptist, p. 80 l. 9 below) to drive home the degradation of religious values which he believes the cult of relics involves.

15: Luke ii. 29–35.

28: 'manigances': a Calvin neologism in 1541, according to Bloch and Wartburg, *Dictionnaire Etymologique de la langue française*. The sense is as obscure as the etymology; here perhaps 'baubles'.

77. 5: In the *Excuse* (p. 147 l. 6) he mentions a 'manteau de nostre Dame' in Paris.

15: 'inviolata': a deformation of *in via lata*.

27: Col. iv. 14.

36: 'comme qui' = 'comme si quelqu'un'.

78. 14: 'les joueurs de farces': for example, the *Farce du Pardonneur, du Triacleur et de la Tavernière*, in *Ancien Théâtre Français*, ed. Viollet-le-Duc, ii (Paris, 1854), p. 56:

> Regardez, seigneurs, vecy l'elle
> D'un des seraphins d'emprès Dieu.
> Ne cuidés pas que ce soit jeu.

The Pardoner goes on to display 'a small pebble from the walls of Paradise'.

25: Jude 9.

79. 4: Matt. xiv. 12. Calvin goes out of his way to stress the unique authority of the Bible (*la verité de Dieu*): to the Reformers, the Bible is the only fully reliable source of knowledge.

6: 'Theodorite': *Eccl. Hist.* III. 3 (*P.G.* lxxxii, 1092).

9: 'Eusebe': not Eusebius, but in Rufinus, who translated Eusebius' *History* into Latin and wrote two further books which continue Eusebius' work; the detail Calvin alludes to is in Rufinus, *Hist. Eccl.* II. 28 (*P.L.* xxi, 536).

12: 'Sozomenus': another historian of the fifth century, *Hist. Eccl.* VII. 21 (*P.G.* lxvii, 1481-5).

21: 'sainct Jehan d'Angely': another object of prayers by Frère Jean's victims in *Gargantua* xxvii.

29–30: 'sainct Jehan de Latran à Paris': this is the reading in all editions, although there was no such church. Perhaps it should read 'Rome'. There is independent attestation of a tooth of St John the Baptist in the Lateran in the seventeenth century.

80. 1: 'Gerion': a monster variously described as having three heads or three bodies joined together, and resident in the Balearic isles rather than in Spain. One of Hercules' labours was to capture Gerion's cattle.

81. 25: Matt. iii. 4.

29: 'qu'il ayt chanté Messe': the Reformers derived great amusement from the more extravagant claims of the Roman Church as to the antiquity of the Mass as a ceremony (see p. 83 below). Pierre Viret takes the palm with his *tres-veritable* story of a sermon he reports as having been preached not far from Geneva, which claimed that Cain, being wicked, did not pay tithes or go to Mass, while Abel, being good, did both regularly. (*Le Requiescant in Pace de Purgatoire* (Geneva, Girard, 1552), p. 366.)

82. 30: 'on le faict brave': the syntax does not make clear to which Apostle Calvin is referring; it is St Peter.

83. 14: 'on ne jouoyt point des farces en l'eglise': the comparison of Roman ceremonial to the theatre is one of the commonest images in Reformation polemic. Cf. pp. 90, 124.

30–1: John xviii. 10.

85. 19: 'leurs chroniques': the story appears in later versions of the apocryphal *Acts of St John*. See *New Testament Apocrypha*, ed. W. Schneemelcher, English trans. and ed. R. M. Wilson (London, 1965), ii, 258–9.

23: A dubious version of the *Acts of St John* relates that John, summoned to Rome by Domitian, drank a cup of poison without ill effects. See *N.T. Apocrypha*, ii, 195–6; Greek text in *Acta Apost. Apocr.* II. i.155 ff.

27: 'Boulongne': Bologna, N. Italy.

29: 'quand on l'amena prisonnier': part of the same narrative as above.

86. 16: 'Turen en Jullet': Düren, in the Duchy of Jülich (in French Juliers), between Aachen and Cologne.

87. 1–2: on the origins and validity of this legend, see *Dict. arch. chr.* VIII. ii. 2044 ff. Also A. Houtin, *La Controverse de l'apostolicité des Eglises de France au XIXᵉ siècle* (Paris, 1903).

11: 'sainct Longin': the Latin translation adds a note explaining that this name is merely a misunderstanding of the Greek λόγχη, *longchē*, 'a spear', in John xix. 34.

19: 'de Chrysostome': *P.G.* lvi, 637. The writer reports a source ('although not certain, yet not contrary to faith, but, rather, delightful') which says there were twelve, not fourteen.

25: Matt. ii. 12.

31: 'tous deux pretendent ensemble': Calvin seems to have slipped here; the relics were transferred from Milan to Cologne in 1162.

88. 4–5: 'un des disciples des Apostres, et le premier evangeliste de France': one of Paul's converts at Athens was 'Dionysius the Areopagite' (Acts xvii. 34), who was identified in the Middle Ages with Dionysius or Denis, the first Bishop of Paris (third century). For contemporary ideas about all the post-biblical saints mentioned in the remaining pages of the treatise, the best source is the *Golden Legend* by Jacobus de Voragine, a thirteenth-century compilation of saints' lives which enjoyed immense popularity for many centuries.

9–10: 'il y a environ cent ans': Calvin is correct about the details of this incident, except for the date. It took place, not in the fifteenth century, but in 1052. See *P.L.* cxliii, 789–94 for the 'belle bulle' and a French view of it.

89. 1: St Margaret, the patron saint of women in childbirth. Rabelais (*Gargantua* vi) makes Gargamelle in childbirth express preference for hearing the Scripture read rather than 'la vie de saincte Marguerite ou quelque autre capharderie'. He prudently excised this from the 1542 edition.

25: 'Palisperne': more correctly St Laurence in Panisperna, Rome (from the bread—*panis*—and ham—*perna*—which were once distributed there).

29: 'la grille': it has been established that grilling was forbidden in the Roman Empire at the time of St Laurence's martyrdom. The grill, however, is by long tradition associated with this saint.

90. 9: Calvin reinstituted the office of Deacon as one of the four orders of ministry in the Church (see the *Ordonnances ecclesiastiques, Opera omnia* x, i, 23–5). For his definition of the Deacon's function in the primitive Church, see *Institution* iv. iii. 9.

15: Ambrose, *Epistolae, P.L.* xvi, 1062–3. Augustine, *Confessiones,* ix. 7 (*P.L.* xxxii, 770). The reference to St Jerome is untraceable; but see Gregory of Tours, *Libri miraculorum* i. 47 (*P.L.* lxxi, 748–9).

23: 'l'office de guerir de la peste': Grandgousier, in *Gargantua* xlv, expresses himself strongly on popular beliefs concerning St Sebastian, St Anthony and others (cf. p. 91 below).

91. 5: 'Desquelles ilz en monstrent une...': pleonastic use of relatives very common in the sixteenth century.

11: St Anthony's fire: in fact a sort of violent fever.

92. 15: 'pendant au crochet': legal dossiers in the sixteenth century were kept in bags (as explained at length by Bridoye, Rabelais, *Tiers Livre,* xxxix and xlii), which were hung up while awaiting attention (hence English 'pending'). On the large number of legal expressions and tags in these treatises, see my *Style of John Calvin,* pp. 49–51, and J. Plattard, 'La Procédure au XVIᵉ siècle, d'après Rabelais', in *Revue du seizième siècle* i (1913), 28–49.

23: 'Ecrichen': probably Echery (Eckkirch), near Ste Marie-aux-Mines (Haut-Rhin).

29: 'Briende': Brioude (Haute-Loire).

93. 19: Exod. iv. 2–4.

94. 23–4: 'Madianites': from the story of Gideon: see Judges vii. 22.

95. 4 ff.: Calvin develops this position on ceremonial religion in the Old Testament in more detail, *Institution* ii. vii. 1 and xi. 4. Cf. *Traité de la Cène,* p. 125.

16: Jude 9.

27, 28: Matt. xiv. 12; Acts viii. 2.

96. 4: 'qui voudroit' = 'si quelqu'un voudroit'.

27–8: 'au Diable sainct Michel': see note to p. 57 l. 20.

97. 1 ff.: The final 'biblical text' does not exist in Scripture. The variant in the second edition is probably intended to refer it to ii Thess. ii. 11, which in the 1540 edition of Olivetan's translation read: 'et pource Dieu leur envoyera operation d'abusion, à ce qu'ilz croyent à mensonge: affin que tous ceux soyent jugez qui n'ont pas creu à la verité, mais ont approuvé iniquité.' In the Latin translation of the treatise ii Thess. ii. 11 is quoted. The phrasing is also reminiscent of Rom. i. 25: 'Lesquelz avoyent mué la verité de Dieu en mensonge: et avoyent honnoré et servy la creature plus que le createur, qui est beneict eternellement.'

TRAITÉ DE LA CÈNE

101. 2: 'plusieurs grands erreurs': the word *erreur,* feminine in Old French and Modern French, was often masculine in the sixteenth century, under the influence of Latin *error.* See Brunot, *Histoire de la langue française,* ii, 407.

102. 8: 'viande': still in its original sense, 'food' in general.

9–13: Note the rhetorical figure of parallel constructions. Cf. anaphora (*Ad Herennium* IV. xiii. 19), isocolon (*Ad Her.* IV. xx. 27–8) and synonymy (*Ad Her.* IV. xxviii. 38).

20: e.g. John vi. 31–5, 47–51; Matt. iv. 4.

33: 'refection': usually 'renovation', but in the sixteenth century took the additional meaning 'nourishment' from Latin.

39: 'qu'elle est aussi appellée': the 1566 edition modifies to 'elle est aussi appellée', which clarifies the sense.

103. 3: 'imbecilles': as in Latin, 'weak'.

9–10: 'toute doubte': another example of a gender unsettled in the sixteenth century.

35 ff.: the doctrine of Total Depravity, characteristic of Calvin's theology (cf. *Institution*, II. i-iii). The stress that he lays on the *complete* sinfulness of man (see the terms he uses—*un seul grain de justice, pleins de peché*), not merely his inadequacy, is the point which separates him most clearly from the humanists, with their glorification of man. It is this insistence on the wretchedness of the human condition that Rabelais is attacking in the *Isle des Papefigues*: 'Tous les ans avoyent gresle, tempeste, famine et tout malheur, comme eterne punition de peché de leurs ancestres et parens.' (*Quart livre* xlv.)

104. 25 ff.: 'quelque iniquité...quelque matiere de mort...quelque mal-heureté': rhetorical devices again; used here to stress a fundamental point of Protestant doctrine, the counterweight to total depravity: the doctrine of justification by grace—the goodness man cannot achieve because of his sinfulness, is given freely to him by the death and resurrection of Christ.

105. 25–7: Luke xxii. 19; Matt. xxvi. 28.

32: 'dont il nous a esté produit': *dont* is frequently confused with *d'où* in the sixteenth century, there being little difference in the pronunciation. Here: '...his body and blood, through which it [the fruit] is offered to us'.

106. 3–4: 'nier...en la Cene': Latin construction of accusative and infinitive (see Gougenheim, *Grammaire*, 155–7).

9–11: For Calvin's insistence on the dual nature of Christ, God and man, as central in the work of redemption, see the fuller exposition, *Institution* III. xi. 9.

15: John vi. 55.

21: 'mangeons': not a misprint; here and elsewhere, this is the older form of the subjunctive; the modern form was gaining ground at the time, hence the change in the 1545 edition.

30–3: the clause 'la communication...Jesus Christ' is the subject of *soit* (l. 31): 'For, since the communication which we have with the body of Christ is incomprehensible...'

107. 1: John i. 32.

14: 'il le nous represente, mais aussi nous le presente': a nice illustration of the flexibility of sixteenth-century usage for placing pronoun objects.

108. 27: 1 Cor. xi. 26.

109. 28: 1 Cor. xi. 27–9.

110. 16–18: an allusion to Rom. vi. 3–11.

31: 'angoisse': the 1541 edition read *anxieté*, which represents the first attestation of this word (Bloch and Wartburg give 1606). From 1542 it is replaced by the more familiar *angoisse*: an example of the concern by Calvin, and his editors, to avoid obscurity through excessive neologism.

111. 7–8: 'cela ne peult estre, que nous ne congnoissions...': *que...ne* = 'unless'.

34–5: 'il est nommé le lien d'icelle': by St Augustine (*vinculum charitatis*), *In Ioannis Evangelium Tract.* xxvi. 13 (*P.L.* xxxv, 1613); Calvin also cites this in the *Institution*.

112. 14: the Calvinist Order of Service incorporating these principles is printed in *Opera omnia* vi, 161–202.

21–4: the left-wing Reformers, Anabaptists and Spiritualists, tended towards this concept of perfectionism. It is clearly incompatible with Calvin's stress on total depravity.

25: 'deffiance': here, and p. 113 l. 23 below, *deffiance* seems to be used instead of *defaillance* (weakness, failure). Their pronunciation was very similar.

27–8: an allusion to Mark ix. 24: 'Lord, I believe: help thou mine unbelief'.

30: 'que nous ne soyons...': 'until we are...'

114. 12: Calvin proposed a weekly Communion service in 1537; in 1541 he suggested a monthly celebration; but the City authorities maintained the custom of four celebrations a year.

29: 'dignité': the 1545 variant seems to make better sense; the Latin translation (1545) reads *indigni*.

115. 20–2: see 1 Cor. v. 11.

27 ff.: in Calvin's scheme of Church discipline, excommunication was the ultimate sanction of the ecclesiastical authorities. (See *Institution* iv. xii. 2 and 5.) This was for decades one of the focal points of friction between Church and State in Geneva.

116. 5: an allusion to Matt. iii. 12.

15: for the following sections, see Introduction, pp. 17 ff.

117. 4–8: allusions to Heb. iv. 14–v. 10; Rom. viii. 34.

12–14: cf. Heb. x. 9–14.

118. 17: Heb. x. 18.

22: Heb. ix. 24.

119. 16: 'Je laisse à parler...': the rhetorical figure of paralipsis or *occultatio* (*Ad Her.* iv. xxvii. 37), in which one says one is going to leave out certain things—which are then mentioned (as here).

19: 'sainct Guillaume et sainct Gaultier': two thoroughly obscure mediaeval saints.

23–4: 'apres les parolles prononcées': a construction imitated from Latin, and common in the sixteenth century. See Brunot, *Histoire*, ii, 467–8.

26–7: 'aucun tesmoignage de l'Eglise ancienne': a questionable assertion unless a great deal of 'interpretation' is applied to the expressions of the early Fathers.

120. 1 ff.: for a full exposition of the nature of a Sacrament in Calvin's thought, see *Institution* iv. xiv.

16–17: 'l'autre similitude, que baille sainct Paul': not in fact in the Bible at all; it comes from the *Didache* or *Teachings of the Apostles*, ix. 4 (*Apostolic Fathers*, Loeb Classical Library ed., i, 322), a passage based on 1 Cor. x. 17. The simile is something of a commonplace in the early Fathers, and was also used by Luther and Oecolampadius. Cf. p. 111 ll. 36–7 above.

121. 1: 'Phantasme': the learned Greek form in the early editions is replaced by the Old French form later.

6: e.g. Rom. vi. 9–10.

27: 'un Idole': another fluctuating gender. In the *Traité des Reliques* and the *Excuse, idole* is feminine.

32: one of the most ancient Christian hymns, the *Sursum corda*: 'Lift up your hearts...'

122. 3: 'une fois l'an': on the feast of Corpus Christi, the Thursday after Trinity Sunday. 'l'autre jour': it is not clear what day Calvin has in mind here. The question of the Exposition of the Sacrament was under debate in the Roman Church at the time; Calvin may be referring to the 'Forty Hours' Devotion' recently introduced in Milan. See the *Catholic Encyclopaedia* under *Exposition*.

26: Matt. xxvi. 26–7.

123. 14: 1 Cor. xi. 23.

23: 'dresser les cornes': a common expression meaning 'to act arrogantly'. See Huguet, *Le Langage figuré au seizième siècle* (Paris, 1933), p. 184.

35: 'Comme un Singe': Calvin and his contemporaries often used this simile for Catholic ceremonial. *Bastelerie, sorciers* are equally popular.

124. 7: *In Ioannis Evangelium Tract.* lxxx (*P.L.* xxxv, 1840): 'Detrahe verbum, et quid est aqua nisi aqua?...non quia dicitur, sed quia creditur.'

19–20: 'comme la Messe...qu'elle est': the *que* is a reminder of the earlier conjunction *comme* after an intervening phrase. The later editions make the syntax clearer.

26–7: 'farce...mystere': is Calvin punning on the two senses of *mystere*? It seems scarcely appropriate here in the context. Yet this association appears elsewhere in his works: 'Le tout revient là, que ce qu'il [Jésus-Christ] a faict et souffert n'est qu'une *farce* ou *moralité* jouée sur un eschafaut, pour nous figurer le *mystere* de nostre salut.' (*Contre les Libertins, Opera omnia* vii, 199). Note also that on the next page, instead of his more usual *Ancien Testament*, he writes of the *Viel Testament*: the *Mistere du Viel Testament*, first performed in 1453, was very well known in the sixteenth century. But it may be that these coincidences of vocabulary are caused by unconscious word-association.

125. 8 ff.: On Calvin's teaching on the ceremonies of the Old Testament, cf. p. 95 l. 4 and note.

26: 'stupidité': a word coined by Calvin in the 1541 French version of the *Institution*.

127. 7: see Introduction, p. 21.

21–2: Calvin constantly stresses that man can achieve nothing, that all good is the work of God: the theme of *Soli Deo gloria*.

32: see Introduction, pp. 18 ff.

128. 6: 'Oecolampade': Johann Hussgen or Hausschein (of which Oecolampadius is a Greek translation) (1482–1531), the Reformer of Basle. As a theologian he was a close follower of Zwingli's teachings.

29: 'une fois conferé ensemble': the Colloquy of Marburg, October 1529. Luther and Melanchthon, Zwingli and Oecolampadius drew up a list of points of agreement between the two branches of Protestantism. But on the Lord's Supper they had to acknowledge that there was no agreement.

129. 6–7: 'sa vehemence accoustumée': one of his anti-Zwinglian tracts, the *Kurzes Bekenntnis*, calls the Zwinglians, among other things, *lästerliche Herzen*, *Lügenmäuler*, *Seelenfresser*, *Seelenmörder*; they are *eingeteufelt* and *durchteufelt*. See Doumergue, *Jean Calvin*, ii, 563.

8: 'hyperbolique': the first attestation of this word in French (Bloch and Wartburg give 1546, Rabelais).

23: 'L'une partie et l'autre a failly': a singular verb after two subjects in the singular is common in the period. See Gougenheim, *Grammaire*, 224.

31: 'et estre encore en partie': Calvin is not partially criticizing their present behaviour; both Zwingli and Oecolampadius died in 1531.

34–7: Calvin's hope was disappointed. The *Zürich Consensus* which he signed with Zwingli's successor, Bullinger, in 1549, provoked renewed, and increasingly acrimonious, exchanges with the Lutherans.

EXCUSE AUX NICODEMITES

131. 'Odio habuerunt...': Amos v. 10; this quotation, and the Latin quotations at the end of the treatise, are not from the Vulgate; but I have been unable to trace any version the wording of which coincides. Perhaps they were quoted from memory.

132. Isa. xxx. 9–10: again, no known version gives this wording. The *Opera omnia* editors suggest that in any case they may have been added by someone other than Calvin.

133. 1: Proverbs xxvii. 5, 6.

5: the *Petit Traicté monstrant que c'est que doit faire un homme fidele*...of 1543. See Introduction, p. 25.

134. 1–2: 'gratte leur rongne': 'reproach them for their faults'. A figurative expression particularly liked by Calvin. See Huguet, *Le Langage figuré...*, 218.

11: Isa. xlv. 23.

28: 'maistre Fifi': a current slang term for a latrine cleaner.

135. 3: 'stupide': in the Latin sense 'numb', 'senseless'.

6: 'captivité de Babylone': the Babylonian Captivity in Jewish history (597–538 B.C.), during which religious liberty was denied to the Jews. A common expression in Reformation polemics to suggest the lack of freedom of worship in Catholic countries.

27–8: 'telle abysme': another fluctuating gender in the period. The word is masculine in the *Traité des Reliques* and the *Traité de la Cène*, and p. 151 below.

33 ff.: 'Dieu est leur partie': *partie* in the legal sense of 'litigant', 'opponent'.

The whole of the following page is a good illustration of Calvin's use of legal terms in argument.

34: an allusion to Acts ix. 5.

136. 14: 'les especes principales': the survey of types of 'Nicodemites' which follows is a valuable indication of the milieux in which Protestant teaching was gaining influence at the time.

30: 'une crosse': an allusion to Gérard Roussel, Bishop of Oloron, among others. See Introduction, pp. 23, 24. 'Des moines': the Franciscans in particular. Much of the pre-Reformation 'evangelistic' preaching was done by Franciscans, some of whom became Protestants. See A. J. Krailsheimer, *Rabelais and the Franciscans* (Oxford, 1963), pp. 11–60.

137. 32: 1 Cor. iii. 10–15.

138. 18: 'je les oy': note the conversational tone of the following passage, in strong contrast to the elevated language in which he addresses the preachers earlier, and later the scholars. See Introduction, pp. 32–3.

21: 'merroit': Old French form, disappearing in the course of the century (it is changed to *meneroit* in the 1558 edition).

38: 'faire le niquet', 'faire la figue': 'make disrespectful gestures'. See Littré under *nique* and *figue*.

139. 5: 'venir à jubé': the origin of this expression, meaning 'to submit', is obscure.

19–20: 'des idées Platoniques': Margaret of Navarre, and those who thought like her? See Introduction, pp. 23–4.

140. 9: 'emplastres superflues': *emplastre*, feminine in the fifteenth century, only firmly becomes masculine in the seventeenth.

18: Isa. v. 20.

35: 'en proverbe commun on dit': 'Vérité engendre haine', noted by Le Roux de Lincy, *Livre des Proverbes français* (Paris, 1889), ii, 434.

141. 16: 'Lucianiques ou Epicuriens': two of the commonest terms in the period to denounce free thinkers—those who mock religion, and those whose philosophy is 'eat, drink and be merry, for tomorrow we die'. (The word *athée* was of very recent coinage, which suggests that the concept itself was scarcely defined.) Many critics have remarked that Calvin may have had Rabelais—among others—in mind here. Calvin's clearest statement on his attitude to Rabelais is in the *Traité des Scandales* (1550); there he mentions some writers who, he says, have always despised the Gospel and denied the immortality of the soul. He then adds: 'Les autres comme Rabelais, Desgovea, Desperius [Bonaventure des Periers] et beaucoup d'autres que je ne nomme pas pour le present, apres avoir gousté de l'Evangile, ont esté frappez du mesme aveuglement. Comment cela est-il advenu, si non que desja ils avoient par leur outrecuidance diabolique profané ce gage sainct et sacré de la vie eternelle?' It appears that Calvin had had early hopes that Rabelais was on the side of the Reformers, but Maître Alcofribas had not lived up to expectations. Calvin may well have already reached this conclusion in 1544. See L. Fèbvre, *Le Problème de l'incroyance au seizième siècle* (Paris, 1962), pp. 132–8; M. de Grève, *L'Interprétation de Rabelais au XVIᵉ siècle* (Geneva, 1961), pp. 59, 77–8.

143. 12: John xii. 25.

145. 16–17: 'La terre est au Seigneur': Ps. xxiv. 1.

21: John xxi. 22.

146. 17: Heb. xii. 4.

21: I Pet. iii. 14.

28: For example, in 1534 Calvin, at some personal danger, agreed to meet Servetus in Paris, hoping to convert him. Servetus failed to appear. During that period he frequently had to travel under a pseudonym, usually Charles d'Espeville.

34: While Calvin was composing this treatise, and in the following year, his relations with the Genevans were particularly difficult, and he could well have been faced with a renewed exile. Although he could not admit, in this treatise above all, that everything was not well with the capital of French Protestantism, his remarks here are far from mere rhetoric.

147. 20: John iii. 2.

26: John xix. 38–9.

148. 14–15: Paul began his career as a persecutor of Christianity: see Acts ix.

18: John vii. 51.

149. 21: II Cor. vii. 9–10.

150. 17: 'Balaam': see Numbers xxii–xxiv.

'benire': form found also in Garnier; Rabelais and Marot use *benistre*.

34–5: 'nous nous torchons la bouche': Huguet, *Le Langage figuré*, 229, gives examples of this expression meaning 'to renounce', 'to have to do without'. Calvin's use of it, here and elsewhere, does not fit this meaning; he seems to employ it to signify 'impudently disclaim responsibility'.

38: Isa. xxii. 14.

151. 2: Ps. xl. 5.

13: Dan. vi.

152. 26: Ps. xvi. 4.

153. 5 ff.: Ps. cxli. 5; Prov. xv. 10; Prov. xv. 32. See note to page 131 above.

GLOSSARY

Words which can be found in any good dictionary of Modern French, e.g. Littré, are not listed below, except in cases where the meaning has changed. Further help may always be obtained from Huguet's *Dictionnaire de la langue française du seizième siècle*.

accorder = *s'accorder*
accoupler, liken, compare
à ce que, in order that
adresse, direction
s'amuser, spend one's time, occupy oneself
appareiller, prepare
appeter, desire
appetit, appetite, desire
appoinctement, reconciliation, agreement
approbation, proof; test
approuver, prove; approve; authenticate
arguer, accuse; argue; contradict
arre = *arrhe*: pledge
assavoir, namely; (or, introducing a question, an abbreviation for, e.g., 'On demande à savoir...')
asseoir, place
attenter, undertake
estre attenu à, be indebted to, have obligations to
aucun, some, any
aucunement, somewhat, to some extent
aupris, in comparison

bagues = *bagage*, equipment
bailler, give
bastelerie, mountebank's or juggler's trick
bastiment, creation
belistre, beggar
besongner, work

billon, ingot
bravete, vanity; elegance; luxury

caduc, ephemeral, transient
canivet, knife
cogitation, thought
colloquer, place
colorer, disguise; make plausible
combien que, although
comme, sometimes = *comment*
comme ainsi soit que, since
conference, comparison
confuter, refute
congregation, assembly
consister, stay, remain
converser, live, stay
couleur, excuse
couverture, excuse, pretext
couvrechef, headcloth; veil
au credit de, on the word of
curieusement, carefully
curieux, careful, attentive

deffaillir, be lacking, inadequate; fail
demener, discuss
se depescher, disentangle oneself, free oneself
deroguer à, detract from
destourbier, difficulty, obstacle
devant que = *avant que* or *avant de*
devotion, desire, wish; devotion
different, n.m. *différend*
dire, il y a bien à dire = *il s'en faut de beaucoup*

disceptation, dispute, discussion
dont = *d'où*
drappeau, piece of cloth; garment
dresser les cornes, act arrogantly

efficace, n.f., action; effect
embabouiner, deceive
eminent, eminent *or* imminent
emporter, imply, signify
enge = *engeance,* race
entendre, understand; intend
exerciter, exercise; accustom
s'exposer = *s'expliquer*

ferial, amusing, ridiculous
fiance, faith, confidence
fleuttes, accorder les, reconcile contradictories

garanne, rabbit-warren
se gaudir, mock; joke
gehenne, torture
gratter la rongne à, see *rongne*
guarir = *guérir*

haultesse, pride, haughtiness
honnesteté, seemliness
hoqueton, cloak, cassock, tunic

icelle, iceux = *celle-ci, ceux-ci*
idiot, adj., ignorant; noun, ignorant person
imbecille, weak
imbecillité, weakness
impetrer, obtain
inconvenient, unsuitability; impossibility
inepte, unsuitable; clumsy
s'ingerer, present, offer oneself

ja soit que, although
jubé, venir à, submit oneself

laisser, laisser à, omit, pass over
linceul, cloth; shroud
liquide, clear, evident
liquider, elucidate, clarify

malheureté = *malheur*
manicle, ? trinket
manigance, trifle
il est mestier, de mestier, it is needful, necessary
avoir mestier, need
meurtrir, kill
musser, hide

oratoire, prayer-stool
il n'y a ordre, it is impossible
ordure, dirt; rubbish; excrement
ouir, hear
outre, beyond
outre ce que, not only

paction, agreement, treaty
parfaire, complete, finish
parquoy, hence, for this reason
partement, departure
partie, litigant, opponent in a lawsuit
permettre, leave, abandon
phantasme, illusion
poiser = *peser*
porter, bear (Mod. Fr. *supporter*)
porteur de rogatons: see *rogaton*
pourmener = *promener*
pourtant, consequently
pourtant que, since
preoccupé, already filled
pretendre, put forward (an argument)
probation, proof
produire, give, provide, offer

quant et quant, at the same time

redarguer, accuse; convict (of error); refute
reduire, bring back
reduire en memoire, recall, remember; memorize
refection, food, nourishment
relief, excess; what is superfluous
reliquiaire = *reliquaire,* reliquary
reputer, meditate, reflect upon
resister en barbe, oppose directly

se **resouldre de,** determine

rogaton, request; hence 'permission to collect alms'. **Porteur de rogatons,** pardoner, carrier of relics and indulgences

rongne, mange, scab. **Gratter la rongne à,** reproach, blame

saye, cloak; tunic

seeller = *sceller*

si + inversion: truly; yet, nevertheless

similitude, simile, comparison

sinon que, unless; except that

somme, n.f., summary

stupide, numb, insensitive

stupidité, numbness, insensitivity

se testonner, comb one's hair

du tout, entirely

viande, food (in general)